Herder Taschenbuch 1598

Über das Buch

In jeder Ehe funkt es einmal. Aber eine Dauerkrise bringt die Partnerschaft in höchste Gefahr. Ist Trennung dann der Ausweg? In seiner Beratungspraxis hat der Autor beobachtet, daß viele Menschen in einer zweiten Ehe die gleichen Probleme wieder haben. Warum? Wenn Menschen sich das Jawort geben, schließen sie zugleich, meist unbewußt einen Partner-Vertrag, in dem sie ihre Erwartungen gegeneinander aufrechnen. Dafür z. B., daß der eine Schutz verspricht, verlangt er vom anderen Verzicht auf Emanzipation. Wenn sich die Erwartungen im Laufe des Zusammenlebens nicht erfüllen, ist die Ehekrise unvermeidlich. Der Autor rät dann: nicht auseinanderlaufen, sondern die geheimen Wünsche miteinander klären und modifizieren, die für die Partnerwahl den Ausschlag gaben. An vielen Beispielen zeigt er, daß ein bewußt veränderter Partnervertrag zu einem zweiten, dauerhaften Frühling in der Ehe führt.

Über den Autor

Jörg D. Eikmann, geboren 1946 am Südrand der Lüneburger Heide, war nach seinem Abitur als freier Journalist tätig. Dann Studium der Psychologie in Braunschweig und Kiel, wissenschaftliche Mitarbeit an Untersuchungen zur Hirnstromforschung. Seit 1973 als Dipl.-Psychologe bei der Ev. Ehe- und Lebensberatung in Braunschweig. Zusatzausbildung als Eheberater und Verhaltenstherapeut. Vortrags- und Dozententätigkeit in der Erwachsenenbildung, Schwerpunkt Psychohygiene. Er lebt mit seiner Familie in einem Dorf bei Braunschweig.

Jörg Eikmann

Der zweite Frühling in der Ehe

Wie man nach der Krise wieder glücklich wird

Herder Taschenbuch Verlag

Originalausgabe
erstmals veröffentlicht als Herder-Taschenbuch

Buchumschlag: Walter Emmrich

Inhalt

Neuer Partner – neues Glück?

Ihr Herz schlug schneller und ihre Stimme klang aufgeregt, als sie das Ja-Wort sprach. Er drückte dankbar ihre Hand und sah sie verliebt mit seinen braunen Augen an.

Gerhilt, 34 Jahre, und Wolfgang, 38 Jahre, schlossen den Bund für's Leben. Den zweiten.

Der Standesbeamte hatte sie nicht wiedererkannt. Aber er war Gerhilt noch vertraut von damals. Auch der holzgetäfelte Raum hatte sich nicht verändert. Nur die Partner hatten gewechselt, und mit ihnen ein Teil der Freunde. Andreas, ihr erster Mann, hatte Gerhilt einen Strauß roter Rosen geschickt und sich für ihre Heirat bedankt. Schließlich brauchte er jetzt keinen Unterhalt mehr zahlen.

In der ersten Reihe saß Gerhilts Tochter, ein blondes Lokkenköpfchen im schneeweißen Kleid, fast so aufgeregt wie die Mama.

Wolfgangs Sohn und seine Tochter waren bei ihrer Mutter. Sie duldete keinen Kontakt zu Wolfgangs neuer Frau, und das war der große Wermutstropfen für ihn, denn er befürchtete noch arge Probleme und Auseinandersetzungen mit seiner Ex-Frau.

Aber daran wollte er jetzt nicht denken. Schließlich heiratet man ja nicht alle Tage. Und zusammen mit Gerhilt würde er auch solche Schwierigkeiten meistern können.

Nach den häßlichen Szenen in seiner ersten Ehe hatte sie ihm schon jetzt so viel Kraft und Selbstvertrauen gegeben, daß alle Signale für eine neue und glückliche Beziehung auf hellgrün standen.

Auch Gerhilt war sich sicher, nicht noch einmal die gleichen Fehler wie in ihrer ersten Ehe zu machen. Mit Wolfgang würde alles anders und vor allen Dingen viel, viel besser werden, denn er war viel verständnisvoller und zärtlicher als ihr erster Mann, der ein wahrer Bollerkopp gewesen war: Immer gleich beleidigt und vorwurfsvoll.

Wenn Sie, liebe Leserin oder lieber Leser, ganz ehrlich sind, dann werden Sie sich eingestehen müssen, daß auch Sie schon manchmal gedacht haben: „Du meine Güte, warum bin ausgerechnet ich armer Mensch mit ihr oder ihm zusammen! Was ist bloß aus dem verständnisvollen Menschen von damals geworden, aus diesem schnurrenden Kätzchen oder diesem aufmerksamen und rücksichtsvollen Mann. Wie toll wäre es jetzt mit einem anderen, mit einem besseren Partner. Wie glücklich könnte ich dann sein!"

In einer neuen Beziehung wird alles ganz anders werden – das wenigstens erwarten die meisten Menschen, die zum zweiten oder dritten Mal Tisch und Bett miteinander teilen wollen. Und diese verlockende Erwartung treibt die „Wiederholungstäter" zur neuen Partnersuche, die mit der Intensität von Teenagern und der Ungeduld von Pubertierenden abläuft.

Rund 80 Prozent der geschiedenen Männer und etwa 70 Prozent der geschiedenen Frauen versuchen es innerhalb von zwei Jahren nach der Trennung noch einmal mit den Leiden und Freuden des Zusammenlebens.

Das verwundert nicht, denn eine gute Zweierbeziehung ist nach umfangreichen Untersuchungen, quer durch die Welt angestellt vom holländischen Soziologen Ruut Veenhoven, der wichtigste und stabilste Faktor, um sich überhaupt glücklich und zufrieden zu fühlen.

Und wer möchte nicht glücklich werden?

Allerdings, und hier kommt der Wermutstropfen: Dieses Glücklichwerden ist zwar sehr schön, für die Stabilität der Beziehung aber ziemlich unbedeutend, denn auf die Dauer zählt die Fähigkeit und Aktivität, mit der wir andere glücklich machen.

Und genau da beschleicht mich heftige Skepsis, wenn ich an die eher naiven Vorstellungen denke, die mit dem zweiten oder gar dritten Bund für's Leben verknüpft sind. Da versteift man sich auf die Suche nach dem „richtigen Partner", der dann wie ein idealer Schlüssel zum Schloß passen soll. Aber warum bleibt das Schloß fast immer gleich? Mancher Schlüssel würde ja hervorragend passen, wenn nur das Schloß nicht so verrostet wäre! Und genau wie solch ein festgerostetes und starres Schloß kommen mir viele Suchende vor. Sie bleiben wer sie sind, und wie sie nun einmal sind.

Was haben sie aus ihrer gescheiterten Beziehung gelernt?

Unverblümt meint der englische Psychiater Ivor Felstein: „Menschen, die zum zweitenmal heiraten, machen oft dieselben Fehler wie vor und in ihrer ersten Ehe. Geld, Eifersucht und Sex sind nicht nur in einer jungen Ehe die größten Probleme."

Wie wahr, wie wahr! Das mag pessimistisch klingen, aber meine Arbeit in einer Ehe- und Lebensberatungsstelle zeigt mir immer wieder, wie anhänglich gerade Marotten, Ängste und schlechte Angewohnheiten sind, selbst wenn sie jemand vom Halse haben möchte.

Menschen ändern sich nicht durch das Zuammenleben. Wer eifersüchtig ist, der bleibt es auch nach dem zweiten Ja-Wort. Warum sollte es auch anders sein? Nur naive Romantiker können annehmen, der Bund für's Leben würde den Charakter umkrempeln.

Wer offen gegenüber seinen eigenen Problemen ist, der wird die Vorwürfe, Ängste und Mißverständnisse zur Genüge kennen, die sich gerade mit Geld, Eifersucht und Sexualität verbinden. In welchem Zusammenleben gibt es keine Auseinandersetzungen um's liebe Geld, und welches Paar stimmt schon sexuell so hervorragend überein, daß sich niemals einer grummelnd auf seine Seite dreht und noch am Morgen nach dem enttäuschenden Abend brummelnd hinter der Zeitung verschwindet? Wie festgerostet das eigene Wesen häufig ist, zeigen die Erfahrungen in Ehe- und Lebensberatungsstellen. Zwei große und besonders belastende Problembereiche, nämlich Kampf um die Macht und Enttäuschung wegen fehlender Liebe, schälten sich bei den Ratsuchenden der Beratungsstelle in Biel in der Schweiz heraus, an der Dominik Prodöhl eine interessante Untersuchung durchführte („Gelingen und Scheitern ehelicher Partnerschaft", Göttingen 1979).

Die Hälfte der Männer und Frauen fühlte sich vom Partner zu wenig geliebt. „Er kümmert sich kaum um mich", „er schnauzt mich häufig an", „sie spricht einfach nicht mit mir", „es gibt kaum Zärtlichkeiten", so lauteten die Klagen. Aber wer gab zu, den Partner oder die Partnerin seinerseits nicht so recht zu mögen? Nur ein Viertel der Klagenden gab dies zu. Noch ärger sieht es bei den Machtkämpfen aus.

Gut ein Drittel aller Frauen und gut ein Drittel aller Männer aus der Bieler Beratungsstelle fühlten sich vom Partner dominiert. Aber kein einziger erkannte, daß da, wo es Unterdrückte gibt, wohl auch Unterdrücker geben muß, jedenfalls erlebte sich nicht ein einziger Ratsuchender als unterdrückend! Ein erstaunliches und erschreckendes Ergebnis!

Die Suche nach dem richtigen Partner scheint mir nicht die Lösung des Rätsels „glückliche Partnerschaft" zu sein. Schließlich kann man nicht immer den Partner wechseln, wenn's in der Ehe brenzlig wird und der Haussegen mächtig schief hängt. Es kann doch nicht immer nur am anderen liegen!

Liegt es ja auch nicht! Nur ist es doch so viel leichter zu ertragen, wenn wir den Splitter im Auge des anderen sehen statt den Balken im eigenen. Und deshalb schützt uns nichts davor, auch in einer neuen Beziehung wieder die alten Fehler zu begehen.

Vielleicht protestieren Sie jetzt und stellen entrüstet fest, daß man schließlich aus seinen Fehlern lerne. Aber mal ganz ehrlich: Wie oft wollten Sie schon das Rauchen aufgeben, abends weniger Alkohol trinken, die Arbeit etwas ruhiger angehen lassen oder mehr für Ihre Familie dasein? Bleiben die guten Änderungsvorsätze nicht viel zu oft nur gute Absichtserklärungen, die letztlich aber doch wie Blumen im Herbst dahinwelken? Und weil wir uns treu bleiben und uns so wenig bewußt ändern, fliegen wir immer wieder auf den gleichen Typ. Unsere Partnerwahl folgt ganz bestimmten körperlichen und psychischen Auswahlkriterien, die uns in ihrer Mehrzahl gar nicht bewußt sind.

Vielleicht kennen Sie Menschen, die stark auf einige körperliche Merkmale reagieren: Da gibt es beispielsweise Männer, die auf blonden Frauen „stehen"; Frauen, die Männer über 1,80 Meter Länge suchen; das junge Mädchen, das rätselhafterweise immer wieder an einen verheirateten Mann gerät, und es gibt Männer, die besonders füllige Frauen in ihr Herz schließen.

Wie kommt das?

Diese Idealbilder, die an gängigen Schönheitsidealen gemessen nicht unbedingt ideal sein müssen, stammen häufig aus der Kindheit oder Pubertät und erinnern an frühe und nachhaltige Prägungen, an Bilder, die tief in unserem Herzen eingegraben sind. Ein kleiner Spielkamerad aus der Nachbarschaft, eine gute Freundin der Mutter, das Bild des Vaters oder vielleicht auch der erste Klassenlehrer werden „gespeichert". Diese inneren Bilder werden dann von ähnlichen Personen „abgerufen" oder neu belebt und sind der Ursprung der Liebe auf den ersten Blick.

Aber diese Bilder können auch geheime Wünsche erfüllen, indem wir in diese körperlichen Merkmale unsere Hoffnungen projizieren: Die füllige Frau wird mit spendender Mütterlichkeit assoziiert, der 1,80 lange Mann scheint Schutz und Sicherheit zu versprechen, und die rothaarige (und deshalb temperamentvolle und sexaktive) Frau wird begeistert unsere sexuellen Wünsche erfüllen.

Die Gefahr dieser Projektionen liegt auf der Hand: Wir lieben den Typ und nicht die einzelne Person. Wer garantiert schon, daß alle Rothaarigen sexbesessen sind und warum sollte ein langer Mann keine Minderwertigkeitskomplexe haben?

Aber es ist schon so: Unser Unbewußtes ist auf einen relativ bestimmten Typ festgelegt. Die Prominenz beweist es:

Gunther Sachs, Ex-Playboy mit allen Chancen, wählte immer ähnlich. Er schätzt Blonde. Brigitte Bardot, seine erste Frau, und Mirja, seine zweite, sind beide zartgliedrige, langbeinige und schlanke Blondinen mit glatten langen Haaren.

Regisseur und Produzent John Derek, um die 60 Jahre und inzwischen grau meliert, folgte ebenfalls seinen Schlüsselreizen: Schlank, blond, längliches Gesicht, runde Busen und hohe Wangenknochen sind die Attribute, die sein Herz höher schlagen lassen. Er heiratete Ursula Andress, Linda Evans und Bo Derek.

Auch Filmschauspieler Richard Burton blieb seinem Typ

treu. Nach Elizabeth Taylor schloß er ihre Schwester in sein Herz. Die Neue sieht wie Liz in jungen Jahren aus.

Aber wir sind nicht nur auf äußerliche Merkmale festgelegt. Viel entscheidender (und oftmals verhängnisvoller) ist die Wahl nach bestimmten inneren oder psychischen Kriterien.

Das junge Mädchen, das auf den etwas älteren Herrn mit den graumelierten Schläfen fliegt, sucht ja nicht nur dieses äußere Merkmal, sondern es verspricht sich psychische Eigenschaften, für die Alter und graue Schläfen nur Synonyme sind, nämlich Sicherheit, Ruhe, Ausgeglichenheit, Selbstbeherrschung und freundlich väterliche Verwöhnung.

Das Mädchen, das immer wieder an einen verheirateten Mann gerät, schützt sich durch diese Wahl möglicherweise vor einer herben Enttäuschung. Schließlich kann sie einen verheirateten Partner nicht verlieren, weil sie ihn ja nie ganz besessen hat. Wenn er wieder ganz zu seiner Familie zurückgeht, dann ist das etwas anderes, als wenn sie nur verlassen wird, weil sie nicht so attraktiv und liebenswert ist.

Jeder Partner erfüllt eine ganz bestimmte Funktion. Verstehen wir diese Funktion, dann können wir erst ermessen, warum gerade diese beiden Menschen sich gefunden haben oder trotz aller Widerwärtigkeiten in ihrer Ehe zusammen halten.

Thomas Mann beschreibt in seiner Novelle „Tonio Kröger" die Macht der äußeren Reize, die stellvertretend für Wünsche und psychische Merkmale steht:

„Wie geschah das? Er hatte sie tausendmal gesehen; an einem Abend jedoch sah er sie in einer gewissen Beleuchtung, sah, wie sie im Gespräch mit einer Freundin auf eine gewisse übermütige Art lachend den Kopf zur Seite warf, auf eine gewisse Art ihre Hand, eine gar nicht besonders schmale, gar nicht besonders feine Kleinmädchenhand zum Hinterkopfe führte, wobei der weiße Gazeärmel von ihrem Ellenbogen zurückglitt, hörte, wie sie ein Wort, ein gleichgültiges Wort, auf eine gewisse Art betonte, wobei ein warmes Klingen in ihrer Stimme war, und ein Entzücken ergriff sein Herz, weit stärker als jenes, das er früher zuweilen empfunden hatte, wenn er Hans Hansen betrachtete, damals, als er noch ein kleiner, dummer Junge war.

An diesem Abend nahm er ihr Bild mit fort, mit dem dicken, blonden Zopf, den länglich geschnittenen, lachenden, blauen Augen und dem zart angedeuteten Sattel von Sommersprossen über der Nase, konnte nicht einschlafen, weil er das Klingen in ihrer Stimme hörte, versuchte leise, die Betonung nachzuahmen, mit der sie das gleichgültige Wort ausgesprochen hatte, und erschauerte dabei. Die Erfahrung lehrte ihn, daß dies die Liebe sei. Aber obgleich er genau wußte, daß die Liebe ihm viel Schmerz, Drangsal und Demütigung bringen müsse, daß sie überdies den Frieden zerstöre und das Herz mit Melodien überfülle, ohne daß man Ruhe fand, eine Sache rund zu formen und in Gelassenheit etwas Ganzes daraus zu schmieden, so nahm er sie doch mit Freuden auf, überließ sich ihr ganz und pflegte sie mit den Kräften seines Gemütes, denn er wußte, daß sie reich und lebendig mache, und er sehnte sich, reich und lebendig zu sein, statt in Gelassenheit etwas Ganzes zu schmieden …"

Der Zauber der „gewissen" Art – was immer das tatsächlich sein mag – als Synonym erfüllbarer Sehnsucht, fast zum Spüren nah, und dennoch lediglich Spielraum eigener Wünsche und Hoffnungen, Spielplatz für Interpretationen und Projektionen des Wahrgenommenen: Wie der Kopf auf „übermütige Art" und „lachend" zur Seite geworfen wird, ein gleichgültiges Wort bewußt betont Tonio Krögers Ohr erreicht, und die Stimme warm klingt und die Augen wieder lachen.

Ganz deutlich ist sie da, die Hoffnung auf Freude, Lachen, Fröhlichkeit, nach der Tonios eher depressive Natur sich doch so sehnt, um erlöst zu werden, um sich rund und ganz fühlen zu können. Zwei Seelen wohnen – ach – in seiner jugendlichen Brust, und er hofft auf die Bundesgenossin für die schwächere, eben die nach spielerischer Heiterkeit und Leichtigkeit sich drängende Seite. Vielleicht gelingt es ihm mit Inges Hilfe, reicher am Leben teilzuhaben und gelöster zu werden. Jene gewisse Hoffnung! Wer kennt sie nicht? Erst zu zweit können wir eins werden.

Wir alle haben mehr oder weniger bewußte Erwartungen und Hoffnungen, die im Zusammenleben mit einem geliebten Menschen erfüllt werden sollen. Vielleicht lieben wir einen bestimmten Menschen sogar nur (nur?), weil wir bei ihm die Erfüllung unserer Sehnsüchte zum Fühlen nah spüren. Schon beim ersten Kontakt taxieren wir einen potentiellen Partner und lassen uns von der Frage leiten? Erfüllt er oder sie meine Sehnsüchte?

Partner schließen deshalb einen Vertrag miteinander, in dem es in erster Linie um Sicherheitsaspekte geht: „Wenn du als mein Lebensgefährte etwas für mich tust, was gut für mich ist, dann mag ich dich und werde auch etwas für dich tun."

Dieser Vertrag regelt die psychischen Verpflichtungen der beiden Partner. Das Problem dabei ist allerdings, daß er still-schweigend geschlossen wird. Und deshalb sind den Mißver-ständnissen und Enttäuschungen auch Tür und Tor geöffnet.

Schauen wir uns einen Partnervertrag genauer an:

Als 17jähriger lernt sie ihn, den 22jährigen Studenten, ken-nen. Sie genießt es, von dem gut aussehenden Mann angehim-melt und verwöhnt zu werden. Ihre Mutter wurde mehrmals von Männern bitter enttäuscht und reagierte ihre Gefühle bei der Tochter ab, indem sie ihr häufig völlig unberechtigte Vor-würfe machte und sie mit Strenge strafte. Natürlich konnte die Tochter unter diesen Umständen kein positives Bild von sich und allgemein von Frauen aufbauen. Umso mehr hungert sie nach echter Anerkennung und Zuwendung.

Er wuchs unter der Fuchtel einer sehr beherrschenden Mut-ter auf, die er komischerweise noch heute tief verehrt. Aber vielleicht ist das gar nicht so seltsam, denn er war immer ein braver Junge, der sich unterordnete und seiner Mutter keine Probleme bereitete. Unbewußt empfindet er heftige Angst vor seiner Mutter und überhaupt vor Frauen, denn mit dem weib-lichen Geschlecht, das hat er ja erfahren, ist nicht gut Kirschen essen, sondern da ist man klein, abhängig und schwach, wenn, ja wenn man sich erst mal domestizieren läßt. Und er möchte nie wieder so ein kleines Würmchen in der Hand einer starken Frau sein. „Wehre den Anfängen!", scheint er sich immer wie-der aufmunternd zu sagen, und so sucht er eine sich unterord-nende, in ihrer Persönlichkeit nicht gerade gefestigte Frau, bei der er keinen Dominanzverlust befürchten muß.

Für beide ergibt sich folgender Partnervertrag:

Tu mir nichts – dann werde ich lieb zu dir sein! Das heißt für ihn: Mach mir keine Angst und versuche ja nicht, die Hosen anzuziehen, denn ich bin für alle Ewigkeit dein Herr und Meister!

Ihr Unbewußtes sagt ihr: Gefährde bloß mein unsicheres Selbstwertgefühl nicht noch weiter.

Die Bereitschaft, etwas zu geben, ist im Partnervertrag stets mit der Erwartung verbunden, dafür im Austausch eine Gegenleistung zu bekommen – und genau der Austausch ist das Problematische.

Tatsächlich kümmert er sich rührend um seine junge Frau, und sie unterstützt ihn im Studium. Der Vertrag funktioniert. Sie wagt gar nicht, ihn zu kritisieren, wenn es mal nicht so harmonisch läuft. Zwei Kinder kommen zur Welt und sie geht in der Erziehung auf, während er sich im Beruf gut durchsetzt und schnell Karriere macht.

Und jetzt passiert's: Er vernachlässigt sie ab und an einmal, kommt später als angekündigt nach Hause, reagiert beruflichen Frust zu Hause ab und immer dann, wenn in der Firma etwas nicht gut läuft, kritisiert er ihre Haushaltsführung, die nach seiner Meinung viel zu teuer ist. Wenn er sich in der Arbeit klein fühlt, muß er zu Hause besonders groß sein. Und damit bricht er den Partnervertrag.

Nun packt auch sie ihr psychisches Sezierbesteck aus und bemängelt Fehler in seiner deutschen Grammatik („Wie sollen die Kinder bei deinen Fehlern Abitur machen?"), und sie setzt die schlagkräftigste Waffe der Frau ein, die sexuelle Verweigerung. Prompt bricht seine alte Angst vor fraulicher Überlegenheit wieder durch: Soll er schon wieder der dumme Junge sein und sich von einem Weibsbild auf der Nase herumtanzen lassen? Nein, niemals! Er versucht sie klein zu halten, indem er sie verunsichert. Er kritisiert ihr Äußeres, ihre Art des Autofahrens („Wann wirst du je das Schalten kapieren?"), die Kindererziehung („Die Frechheit und Arroganz des Jungen ist einzig und allein ein Ergebnis deiner Erziehung – oder sollte ich besser sagen deiner Vernachlässigung?") und er aktiviert die Beziehung zu einer früheren Freundin.

Und wie reagiert sie?

Sie ist enttäuscht, und ihr Gefühl schlägt allmählich, wie bei fast allen Menschen, in Ärger und dann in Wut um. Gleichzeitig fürchtet sie sich aber auch vor diesen heftigen Gefühlen:

Wenn aller Ärger aus ihr hervorbräche, was wäre dann? Wäre das nicht das Ende ihrer Ehe? Würde er sie dann nicht sofort verlassen und mit der Früheren ein gemeinsames Leben aufbauen? Da gibt es viel zu viele Fragezeichen und deshalb paßt sie sich, notgedrungen, lieber wieder an – und bestätigt dadurch gleichzeitig seine beherrschende Art.

Beide sind in einem Teufelskreis gefangen. Die Spannungen steigen, doch noch ist das Faß nicht am Überlaufen, und so quälen sie sich weiter. Sie sind von ganz selbstverständlichen Entwicklungen des Lebens erfaßt worden und reagierten darauf ungünstig.

Entwicklungen sind eben die Achillesferse aller Partnerverträge. Es ist ja auch nicht ganz einfach, alle Veränderungen in das gemeinsame Leben zu integrieren und dann den Partnervertrag entsprechend zu modifizieren, denn der Vertrag der Jungen muß nicht unbedingt auch noch der Vertrag der Alten sein.

Eine Trennung hilft in solchen Fällen des gebrochenen Partnervertrages selten weiter, weil die neue Beziehung natürlich unter der alten Prämisse geschlossen wird. In unserem Beispiel hätte sich der Mann mit der Angst vor Frauen höchstwahrscheinlich wieder eine unsichere Frau gesucht, die dann im Laufe der Ehe selbstbewußter geworden wäre – und wieder wäre er an einen kritischen Punkt gekommen.

Wer die durch das Leben aufgezwungenen Veränderungen nicht als dosierte Herausforderungen versteht und sie nicht annimmt, der wird von einer Enttäuschung in die andere stolpern und am Ende die Ehe als ungeeignet für das Zuammenleben halten – statt sich selbst.

Aber nicht jede Veränderung eines oder beider Partner bringt gleich den gesamten Vertrag ins Wanken. Einige Entwicklungen schlucken wir zwar widerstrebend, aber wir beißen die Zähne aufeinander, und manche begrüßen wir sogar.

Was macht denn die gefährlichen, zerstörerischen Entwicklungen aus?

Wie kommen die Paare vom Tummelplatz der Liebe zum Schlachtfeld ihrer Enttäuschungen?

Um diesen verhängnisvollen Weg zu verstehen, müssen wir etwas genauer die Partnerverträge untersuchen. Jeder Partnervertrag enthüllt bewußte und unbewußte Wünsche und Ängste, wobei die Bereitschaft eines Partners etwas zu geben, immer mit der Erwartung gekoppelt ist, im Austausch dafür auch etwas Wichtiges zu bekommen. Unschwer ist zu erkennen, daß in dieser Austauschregel der Knackepunkt des Zusammenlebens liegt, die Quelle für Enttäuschungen und Rache und das beklemmende Gefühl, zu viel zu geben und kaum etwas zu bekommen, was sogar zur Depression führen kann.

Für unser „Fallpaar" sieht der Partnervertrag so aus: Bewußt sind ihr ihre Erwartungen: Hol mich aus meinem schlechten Elternhaus raus, gib mir Kraft und Sicherheit, gib mir von deiner Stärke ab. Hilf mir, meiner Mutter zu beweisen, daß ich eine bessere Ehe als sie führen kann. Sorge für mich, damit ich das Gefühl bekomme, wichtig und liebenswert zu sein. Laß mich niemals im Stich. Mach Karriere, damit ich stolz auf dich sein kann.

Im Gegenzug gebe ich dir dann: Anerkennung und Bestätigung, du bist einfach der Größte für mich. Ich werde dir ewig treu und dankbar sein und deine Schwächen respektieren. Weil ich dich nicht anzweifele und deine Männlichkeit nicht gefährde, gebe ich dir Sicherheit. Du brauchst mich nicht zu fürchten, denn ich bin ganz anders als deine Mutter.

Er erwartet bewußt: Ich möchte endlich eine Frau haben, die mir nicht nur Vorschriften macht, sondern die mich unterstützt und ganz und gar für mich da ist. Sie sollte sich anpassen und mich in meiner Karriere unterstützen. Durch eine attraktive Frau möchte ich von anderen bewundert werden. Auf keinen Fall möchte ich mit „Weiberkram" belastet werden, darum sollte sie sich um Haushalt und Kindererziehung kümmern. Aber es muß alles klappen.

Erfüllt die Partnerin diese Wünsche, dann gebe ich ihr auch etwas, nämlich Unterstützung. Ich werde ihr helfen, wenn es nicht gegen meine Interessen verstößt. Ich werde treu sein und sie mit Gütern verwöhnen.

Aber nicht alle Wünsche sind den Partnern bewußt. Auf der unbewußten Ebene gibt es einige wichtige Vertragsergänzungen, die bei ihr so lauten: Ich erwarte von dir anders behandelt zu werden, als Mutter von ihren Männern behandelt wurde, denn ich möchte Mutter zeigen, daß ich eine „bessere" Frau bin. Ich habe Angst, ohne dich und deine Hilfe das Leben nicht zu packen. Andererseits habe ich Angst vor deiner Stärke und Potenz, weil ich mich angesichts deiner Kraft schwach und minderwertig fühle, und dann wächst meine Befürchtung, du könntest so eine wie ich es bin verlassen. Seine Vertragszusätze sind in einigen Punkten ähnlich: Ich befürchte, kein vollwertiger Mann zu sein, deshalb mußt du mich zu einem starken und selbstbewußten männlichen Wesen machen, indem du dich anpaßt, mich verwöhnst und mir sexuelle Potenzbeweise ermöglichst.

Werde bloß nicht zu stark und zu selbstbewußt, weil ich mich dann vor dir fürchten müßte. Warum das so ist? Ganz einfach: Weil du mich dann an meine starke Mutter erinnern würdest. Auf keinen Fall möchte ich Unterlegenheitsgefühle spüren. Da ist es doch besser, ich kontrolliere und beherrsche dich. Nur wenn du dich wirklich unterwirfst, werde ich dich verwöhnen. Gleichzeitig würde ich dich in solch einem Falle aber auch verachten, und das hülfe mir, nicht so richtig abhängig von dir zu werden. Wenn du ganz toll bist, dann verfalle ich dir womöglich – und dann fühle ich mich doch wieder abhängig. Nein, das geht nicht, deshalb mußt du auf jeden Fall Fehler haben.

Ich fürchte auch, von einer Frau verlassen zu werden, weshalb du nicht zu selbständig und unabhängig werden darfst. Es ist besser für mich, wenn du auf mich angewiesen bist.

Auf der unbewußten Ebene ist der Partnervertrag unseres Paares von Gegensätzen und Ambivalenzen gekennzeichnet. Sie sucht einerseits seine Kraft und Stärke und fürchtet sich andererseits genau davor. Er möchte stark und unabhängig sein – und genau das ängstigt sie. Beide können sich nicht aufbauen, sondern kontrollieren argwöhnisch gegenseitig ihre Stärke und Mächtigkeit. Ohne es zu merken, kämpfen sie gegeneinander und blockieren sich. Dieser Partnervertrag beinhaltet überhaupt keine Entwicklungsmöglichkeiten, die der Beziehung förderlich sein könnten. Überall sind Grenzen, deren Überschreitung Vergeltungsmaßnahmen auslöst. Hier ist die Ehe ein Gefängnis. Anders ausgedrückt: Im Zusammenleben mit einem geliebten Menschen möchten wir aufgebaut und gestärkt werden. Und das geht nur, wenn niemand an unseren geheimen Schwächen und Ängsten rüttelt, denn sonst gerät der Partnervertrag mit seinem ausbalancierten Gleichgewicht von gegenseitigen Wünschen durcheinander.

Übereinkunft der Wünsche

Beide Partner gehen miteinander einen folgenschweren Vertrag ein, der ihr Zusammenleben bestimmen wird.

Ein Teil dieser Absprache ist ihnen bewußt (beispielsweise: du bist mütterlich, bist attraktiv, hast eine gute Position, du erzählst so fesselnd), aber vieles an diesem Übereinkommen bleibt unbekannt, weil es unbewußt ist. Es schlummert in uns als Erwartung und wähnt sich durch das Auftauchen eines ganz bestimmten „passenden" Menschen der Erfüllung näher. Unser Unbewußtsein frohlockt – wir nennen es Liebe. Wir wollen, was unser Unbewußtes braucht, und der andere Mensch wird zur Verkörperung unbewußter Erwartungen.

Sie ahnen sicherlich die mögliche Gefahr: Da der andere nichts von seiner Funktion für uns weiß, könnte er irgendwann anders als gewünscht empfinden oder handeln. Schnell tritt man ohne es zu wollen ins eheliche Fettnäpfchen, das dann „Krise" heißt. Die Beziehung ist deshalb immer ein wenig so wie eine Bombe mit Zeitzünder: Sie kann plötzlich (und meistens unerwartet) hochgehen. Aus Unwissenheit über die geheimen Absprachen verhält sich der Partner irgendwann mit großer Wahrscheinlichkeit nicht erwartungsgemäß, und das Unbewußte, nun an einer empfindlichen Stelle getroffen, schlägt Alarm: Aus Liebe wird Angst, und später folgen Ärger und Wut, wenn die Angst nicht erkannt wird.

Jeder Mensch schleppt irgendeine Angst oder mehrere Befürchtungen aus früheren Tagen als psychisches Reisegepäck mit sich herum. Jeder hat solche seelischen „Schwachstellen", und gerade sie sollen mit Hilfe eines Partners geheilt werden. In dem geschilderten Fallbeispiel spielen verschiedene Ängste eine Rolle:

Angst, das Leben allein nicht zu packen, zu schwach zu sein, Angst vor Schwäche und Minderwertigkeit, vor dem Verlassenwerden, vor (fehlender) Männlichkeit, vor der Stärke der Frau.

Diese meistens nicht klar gespürten Befürchtungen sind der Motor für den Partnervertrag, der bei bewiesener Bewährung zum Ehevertrag mit gleichen Inhalten umgeschrieben wird. Er enthält starke dynamische Kräfte für das Zuammenleben – und bleibt doch meistens im Verborgenen.

Kompliziert wird er noch dadurch, daß es durchaus widersprüchliche Erwartungen geben kann, wenn unbewußte Ängste mit Ansprüchen der Rationalität kollidieren, wenn wir also zwischen Gefühl und Verstand unentschlossen hin- und herpendeln.

Die Ängste in uns sind ein Spiegel unserer in der Kindheit gemachten Erfahrungen. Mit dem Menschen an unser Seite versuchen wir eine Wiederholung unserer kindlichen Beziehungsmuster herzustellen. Wir bugsieren den Partner also in die Rolle der Eltern oder des Elternteils, mit dem wir Spannungen hatten, oder an den wir uns innig gebunden fühlten.

So gibt das Unbewußte deutliche Hinweise auf die infantilen Anteile in uns. Aus diesem Grund nützen Appelle an die Vernunft auch selten etwas, denn das Kind in uns ist noch nicht so schrecklich vernünftig.

Warum tauchen nun gerade bei der Partnerwahl solche kindlichen Beziehungsmuster erneut auf?

Keine andere Form des Kontaktes mit Menschen kommt der Verbindung zwischen Kind und Eltern so nahe wie das Zusammensein mit einem geliebten Partner. Die Versuchung, eine ähnliche geartete Beziehung zu schaffen, ist deshalb groß. Und häufig bleibt diese Versuchung auch nach einer Trennung und erneuten Partnerfindung aktiv wie eh und je.

Betrachten wir es noch mal von einer anderen Seite aus. Jeder Mensch hat ein bestimmtes Bild von sich. Er sieht sich so, wie er sich gerne sehen möchte, beispielsweise: Ich sehe mich hilfsbereit, kooperativ, nicht aggressiv, ich bin eher attraktiv, charmant, ausgeglichen, nicht neidisch, väterlich oder mütterlich.

Unter der Oberfläche dieses mehr oder weniger idealen Bildes lauert aber noch ein Schattenbild: Ich möchte nicht neidisch sein; ich darf nicht aggressiv sein; ich muß unbedingt hilfsbereit, charmant und ausgeglichen sein, damit man mich mag, denn vielleicht bin ich ja gar nicht so attraktiv, sondern höchstens durchschnittlich, vielleicht bin ich auch gar nicht so stark und selbstsicher – wer ist sich seines Bildes schon völlig sicher? Wie sonst ist die Popularität von Psychotests in allen möglichen Zeitschriften zu erklären?

Möglicherweise habe ich auch ein düsteres Bild von mir: Ich bin überhaupt nicht attraktiv, ich bin sowieso langweilig, neige zu depressiven Zweifeln und Verstimmungen, kann sein, daß ich sogar ein Versager bin, den kein Mensch mag.

Wie schön, wenn es aber doch jemanden gibt, der mir durch sein Interesse und seine Zuwendung zu verstehen gibt, was Musik in meinem Herzen ist: Ich finde dich aber attraktiv, ich finde dich angenehm ruhig und gar nicht langweilig, und was du depressiv nennst, erlebe ich als sensibel, und daß du dir nicht so viel zutraust, das machts nichts, denn an meiner Seite wirst du schon wachsen und mutiger werden.

Fazit: „Jede Beziehung bedeutet eine Definition des Selbst durch den Anderen und des Anderen durch das Selbst", nennt Ronald D. Laing diesen „Beziehungskitt" (in: Das Selbst und die Anderen, Hamburg 1984); Der Partner wird nach seinen Erfahrungen „zu einer Art Identitätsbaukasten", indem er die Vorstellungen bestätigt.

Das ist bedeutsam: Er bestätigt. Er bedroht nicht, zieht nicht in Zweifel, mäkelt nicht, nein, er zementiert das Bild. Ein krasses Beispiel dafür ist vielleicht der ältere Mann, der nicht alt sein möchte. Ihn plagt zwar das Unbehagen angesichts seiner Jahre, seiner nachlassenden Kraft und zunehmender Zipperlein, doch er möchte sich noch jung und dynamisch erleben.

Zur Abwehr dieses Unbehagens sucht er eine junge Frau, die sein Wunschbild bestätigt: Du bist doch noch vital, und wie! Natürlich funktioniert der Partnervertrag nur, wenn er für beide „Mitmacher" etwas bringt. Beide versprechen sich einen Vorteil, und das setzt eine gewisse Übereinstimmung ihrer Grundängste voraus. Wie Schlüssel und Schloß müssen sie zueinander passen, sonst kommt der Vertrag nicht zustande. Betrachten wir eine Partnerschaft unter dem Aspekt der früheren Erfahrungen, und meiner Meinung nach muß man das, denn kein Mensch kommt als unbeschriebenes Blatt zu einem ande-

fan „hereingelegt": Sie sieht es so, als hätte er sie als verständnisvoller Mann eingewickelt und erst später sein wahres Gesicht gezeigt.

Hat er das wirklich?

Auch Sigrid hat ihren Teil zu der Enttäuschung beigesteuert. Sie hat in Stefan etwas gesehen, was sie sehen wollte. Betrübt von ihrem Liebeskummer, suchte sie Verständnis und Anteilnahme. Stefan schien es zu offerieren. Allerdings nur unter bestimmten Bedingungen. Denn Stefan ist ein Mann mit Schutzwünschen. Er befürchtet, untergebuttert zu werden. Um nicht schwach, abhängig und sogar hilflos zu sein, versucht er groß, stark und mächtig zu erscheinen. Bei seiner Tochter kann er diese Rolle ohne weiteres spielen, doch in seiner Partnerschaft gelingt es ihm nicht. Hier benötigt er die Fehler und Schwächen seiner Frau, um sie ihr vorzuwerfen und sich selbst überlegen zu fühlen. Wenn du klein bist, bin ich großartig!

So einfach ist das – und so zerstörerisch!

Sigrid ist keine perfekte Hausfrau. Sie weiß um ihre Schwächen. Wenn Stefan ihr das noch vorwirft, fühlt sie sich ganz besonders auf sein einfühlsames Verständnis angewiesen – und ist enttäuscht.

Ihren psychischen Unsicherheiten und Ängsten folgend sucht sie einen Mann, der sie beschützt, ihr Mut macht und liebevoll zu ihr ist. Stefan schien dafür der ideale Partner zu sein. Aber um sich überlegen zu fühlen, kann er ihre Ängste und Schwächen gerade nicht teilnehmend verstehen. Statt dessen benutzt er sie als wirkungsvolle Waffe im Ehekrieg.

Halt stop!

Hätte Stefan nicht auch der verständnisvolle Partner sein können, dankbar und bewundernd angehimmelt von seiner Frau? Warum gelingt ihm das nicht?

Ein Kaninchen beißt doch keine Schlange.

Nein, doch Sigrid behält genau wie Stefan ihre Ängste für sich. Sie heiratete einen Menschen, von dem sie hoffte, er würde ihre Verunsicherung respektieren und ihr keine Angst machen. Niemand soll wissen, wie es ihr wirklich geht. Schon als Kind mußte sie stark und belastbar sein. Wenn sie weinte, schimpfte ihr Vater sie eine traurige Heulsuse und lachte sie aus. Um ihre Gefühle kümmerte sich selten jemand. Warum

wollend und anerkennend an. Das war mein Sympathieangebot. Er verstand es und lächelte zurück.

Als ich aufstand und zum Strand hinunterging, kam er mir nach. Mein Herz pochte wie wild, so aufgeregt war ich. Hand in Hand kam er mit seiner Tochter daher, und ich wünschte mir damals nichts sehnlicher, als auch mit ihm Hand in Hand zu gehen. Er sprach mich an, ganz vorsichtig und charmant, und wir verabredeten uns für den nächsten Tag.

Eine heiße Romanze folgte. Sie hielt auch noch in Deutschland. Nichts mit Urlaubsflirt, es war schon etwas Festes.

Leider wohnten wir fast 300 Kilometer auseinander. Und wenn man verliebt ist, zählen die trennenden Entfernungen doppelt. Also zogen wir ziemlich schnell zusammen.

Erst allmählich merkte ich, daß Stefan gar nicht meinem Bild entsprach. Er entpuppte sich als kritisch und pingelig, regte sich über Kleinigkeiten auf und warf mir alles Mögliche vor. Kein Wunder, daß ihm seine erste Frau abgehauen war. Stefan wollte der unumschränkte Herrscher in der Familie sein, und ich hatte mich zu fügen. Wenn er um fünf Uhr aus seinem Büro kam, sollte der dampfende Kaffee auf dem Tisch stehen. Aber wehe, ich war mal in der Stadt oder hatte nachmittags eine Konferenz in der Schule! Dann muffelte er für einige Tage, was ich nicht aushalten konnte. Ich kam wie ein begossener Pudel angekrochen, bis es mir schließlich zu viel wurde. Ich schwieg auch. Und so herrschte zwischen uns bedeutungsvolles Schweigen.

Ich verstand, warum er so liebenswert zu seiner Tochter sein konnte. Sie akzeptierte den großen Herrscher.

Aber ich war schließlich kein Kind mehr. Und das war wohl mehr, als er verkraften konnte.

Ich war bitter enttäuscht, und natürlich habe ich ihn das auch spüren lassen. Sexuell habe ich mich ziemlich zurückgezogen. Aber bei ihm fiel der Groschen nicht, und er wurde nur noch autoritärer und pingeliger. Unser Zusammenleben führte zu wundgescheuerten Stellen, und irgendwann ging es nur noch um die Frage, wer wen am besten verletzen konnte. Wir hatten Angst voreinander. Da war wohl nichts mehr zu machen. Wir wollten uns trennen."

Natürlich ist Sigrid bitter enttäuscht. Sie fühlt sich von Ste-

ren, dann ist die Zweier-Gemeinschaft ein Zusammenspiel, das zwar von Erwachsenen „gespielt" wird, dessen Karten jedoch schon in der Kindheit gemischt wurden und noch heute gültig sind.

Die Spielregel dafür lautet: „Wir heiraten nicht den Menschen, den wir lieben, sondern denjenigen, den wir am wenigsten fürchten." Sympathie und Liebe folgen nicht nur den äußeren Schlüsselreizen oder der körperlichen Anziehung, sondern der inneren Attraktivität, die aus dem Gefühl der Angstfreiheit resultiert: Du wirst meine Grundängste akzeptieren, und genau das macht dich liebenswert.

Liebe, Lust und Leidenschaft können nicht darüber hinwegtäuschen, daß ein Zusammenleben viel mit Angst zu tun hat. Liebe und Angst? Aber das scheint doch auf den ersten Blick überhaupt nicht zusammenzupassen, das ist doch geradewegs wie Feuer und Wasser.

Und dennoch: Gerade in einer innigen Gemeinschaft möchte jeder anerkannt, akzeptiert und bestätigt werden. Das ist der bezaubernde Akkord, den wir immer wieder spüren möchten. Nimm meine Marotten und alltäglichen Kläglichkeiten einfach hin und schone mich davor, meine angstbesetzten Verhaltensweisen zeigen zu müssen. Mehr noch: Hilf mir, was mich schreckt und mir Furcht macht zu verdrängen, laß uns ein Bündnis gegen die Grundängste schließen – es wird uns zusammenschweißen. Und laß uns bitte niemals daran rütteln!

Niemals daran rütteln wollten auch Sigrid und Stefan. Aber erstmal mußten sie sich gegenseitig schütteln.

Sigrid, eine 32jährige Lehrerin, erinnert sich noch genau an den Moment, als sie Stefan zum erstenmal begegnete: „Es war im Urlaub auf Mallorca. Ich hatte gerade eine enttäuschende Liebe hinter mir und war noch so richtig schön geknickt und tröstungsbedürftig. In der südlichen Sonne wollte ich vergessen. Und dann fiel mir in einem Cafe Stefan auf. Da war zuerst sein Äußeres: Groß und dunkelhaarig, braune Augen, schwarzer Bart. Er kam mir wie ein warmherziger Beschützertyp vor. Dieses Bild verstärkte sich um etliches, als ich merkte, wie liebevoll und einfühlsam er mit seiner kleinen Tochter umging. Ich fand das ganz toll. Wahrscheinlich hatte ich mich bereits damals schon in ihn verliebt. Jedenfalls lächelte ich ihn wohl-

sollte sie also etwas von ihren Befürchtungen und Bedrückungen preisgeben? Es hätte früher nichts genutzt, und Sigrid hat gelernt: Es nutzt nie etwas, weder früher noch heute.

Sie teilt es Stefan nicht mit, und er ahnt nicht mal etwas von dem, was seine Frau bewegt.

Die Fähigkeit zu reden

Eine in Amerika veröffentlichte Studie nennt als Hauptgrund für das Scheitern der ersten Ehe die Unfähigkeit der Partner, über Schwierigkeiten, Probleme und Gefühle mit dem anderen zu sprechen. Statt dessen bestrafen sie sich, wenn es zu Spannungen kommt, und sie verfahren nach der Devise: Kommt Zeit, kommt Rat. Doch der erlösende Rat kommt nicht automatisch. Schweigend und voller Groll leben sich die Paare dann auseinander, und unausgesprochene Mißverständnisse als Folge uneingestandener Ängste führen oftmals zur Trennung.

Auch Sigrid und Stefan wollten sich trennen, andererseits gab es doch noch gewisse Gemeinsamkeiten. Bei Stefan mag auch mit eine Rolle gespielt haben, daß er mit einer Scheidung bereits seine zweite Ehe aufgegeben hätte, und da konnte er sich nicht mehr an der Vermutung der „Mittäterschaft" vorbeimogeln: Irgendwas muß wohl auch mit seinem Verhalten nicht ganz in Ordnung sein, wenn schon die zweite Ehe in die Brüche geht. Wie so häufig, so brach auch bei diesem Paar die Frau das Schweigen.

Sigrid hielt es so nicht mehr länger aus. Eine Freundin hatte ihr Mut gemacht, ihre stummen Vorwürfe und mißverständlichen Rückzugsmanöver aufzugeben: „Du mußt es wenigstens versuchen. Aber kritisier ihn nicht, sonst macht er innerlich zu: mecker nicht, sonst verteidigt er sich bloß und versteht nicht, um was es dir wirklich geht; biete ihm konkrete Chancen an, denn meistens haben Männer wenig Phantasie und äußere deine Wünsche ganz deutlich, sonst fühlt er sich von nicht zu fassenden Ansprüchen erschlagen. Wenn du was verändern willst, mußt du mit seiner Angst rechnen, etwas zuzugeben. Also: Lieber motivieren als kritisieren."

Sigrid nahm sich das zu Herzen und brach eines Abends das bedeutungsvolle Schweigen mit der Preisgabe ihrer Ängste: „Stefan, ich habe Angst um unsere Ehe. Ich mag dich noch, aber ich kann es dir immer weniger zeigen, und es tut mir weh, wenn du mich so häufig kritisierst. Ich fühle mich dann ungeliebt, allein und verlassen. Es ist, als würdest du mir den Boden unter den Füßen wegziehen. Kannst du dir das vorstellen?"

Stefan brummte unwillig: „Was willst du?"

‚Kritisier ihn jetzt bloß nicht', sagte Sigrid zu sich. Trete die Flucht in die Offenheit an. Stefan ist nicht dein Vater, und er verhält sich auch nicht wie dein alter Herr. Früher brachte es nichts, etwas verändern zu wollen. Aber früher ist nicht heute.

„Ich möchte dich wieder so lieben wie früher. Sei bitte nicht so kritisch und so streng mit mir. Ich bin nicht die gute Hausfrau, das weiß ich, aber so ist das nun mal. Nimm mich doch wie ich bin. Schließlich habe ich dir keinen Tipptopphaushalt versprochen. Laß uns gemeinsam überlegen, wie wir das ändern können.

Ich finde, wir machen zu wenig miteinander. Jeder lebt in seiner Welt, und dadurch werden wir uns fremd. Rosi und Bert gestalten die Wochenenden jeweils umschichtig. Einmal ist er zuständig, das nächste Mal ist sie dran. Jeder schlägt dann das vor, was für ihn wichtig ist. Bei ihnen läuft das ganz gut. Beispielsweise möchte ich gern mit dir mal wieder ins Kino gehen. Freitag läuft der neue Film mit Dustin Hoffmann. Laß uns hingehen!

Weißt du, ich bin manchmal unsicher und leicht entmutigt. Ich brauche deinen Schutz und deine Stärke. Nimm mich doch mal öfter in den Arm. Eigentlich habe ich immer noch Lust, mit dir zu schlafen, aber inzwischen bin ich wie zu, wenn wir uns innerlich gar nicht begegnet sind. Ich weiß, daß ich mich zurückziehe, aber ich bin manchmal so enttäuscht und so sauer auf dich, daß ich dich nur noch bestrafen möchte.

Ich möchte etwas mehr Großzügigkeit von dir. Ich bin doch nicht nur die kleine Doofe. Gibt es bei dir nicht auch noch Sympathie für mich? Ich spüre noch Zuneigung zu dir. Laß uns nicht neu beginnen, denn das geht sowieso nicht, aber laß uns anders weitermachen. Was hältst du davon?"

Das war der erste Schritt zu vielen Gesprächen, in denen sie offener redeten und sich immer wieder erinnern mußten, sich nicht anzugreifen und im anderen den Sündenbock zu sehen. Sigrid und Stefan versuchten es. Inzwischen haben sie ein eigenes Kind. Stefan hat sich durchgesetzt und es „Stefanie" genannt. So ganz kann er es immer noch nicht lassen, den Ton anzugeben. Aber wenn sie ihn „Herr Feldwebel" nennt, weiß er, was sie meint. Er steht zu seinem Dominanzwunsch, und gerade darum können beide darüber reden. Was früher angstvoll tabuisiert war, wird jetzt zum Thema. Sie sind keine anderen Menschen geworden, aber begegnen sich gelassener.

Beide haben nach schmerzlichen Erfahrungen eingesehen, daß sie nicht neue Menschen werden, sondern ihre Probleme behalten, aber daß sie sehr wohl mit ihren Problemen geschickter und diplomatischer leben können.

Aber wie wird aus einem nur netten Menschen ein idealer, ein richtiger Partner? Sind nicht doch äußerliche Reize oder die Laune eines Augenblicks díe Metamorphoseverursacher?

Mitnichten. Körperliche Attraktivität ist lediglich ein Signal, um auf sich überhaupt aufmerksam zu machen oder ist so etwas wie ein Magnet, der anzieht, der jedoch nur dann wirksam bleibt, wenn sich beide Menschen gegenseitig ihre Ungefährlichkeit füreinander bewiesen haben: Ich respektiere dich in all deinen Eigenarten und verlange nicht von dir etwas, das dir Angst macht, weil du dich psychisch bedroht fühlen könntest. Erst die Anerkennung und Tolerierung der Grundängste macht den anderen Menschen ideal und löst das aus, was wir gemeinhin Liebe nennen, eben jene Angstfreiheit, gepaart mit körperlicher Anziehung.

Vielleicht schmeichelt es nicht gerade unserem Erwachsenen-Zustand, von unbewußten Ängsten gesteuert zu werden, aber das Zusammenleben ist unter anderem auch eine Bühne, auf der immer wieder die Dramen und Schrecknisse aus unserer Kindheit aufgeführt werden, wenn unsere Grundängste nicht zur Ruhe kommen. Auch wenn es uns schwerfällt, das anzuerkennen: Die Kindheit lebt und leidet in uns fort. Die Kindertage sind jene Zeit, in der viele unserer Befürchtungen und Lebensanschauungen wuchsen, um bis in unsere Ehezeit fortzuleben.

Es ist eben keine „vernünftige" Wahl, die uns unser Innenleben aufzwingt. Gerade bei der Partnerwahl offenbaren wir fast alles aus der Tiefe unseres Charakters. So haftet der Wahl eines anderen Menschen nicht die so oft zitierte bloße Zufälligkeit an, sondern vielmehr ein drängendes Suchen nach Annahme und Angstfreiheit, so wie es schon der spanische Philosoph Ortega y Gasset formulierte:

„Dieser Gedanke, daß es eine Wahl in der Liebe gibt – eine Wahl, die weit wirksamer ist als alle, die bewußt, willentlich vorgenommen werden können – und daß eine solche Wahl nicht frei ist, sondern von dem Grundcharakter des Individuums abhängt, muß von vornherein unannehmbar erscheinen, wenn man bei einer psychologischen Deutung des Menschen beharrt, die ich für überlebt und ersetzungsbedürftig halte. Sie ist charakterisiert durch die Neigung, das Eingreifen des Zufalls und der mechanischen äußeren Ereignisse in das menschliche Leben zu überschätzen" („Über die Liebe", Stuttgart 1977, S. 186).

Eben deshalb können uns Krisen im Zusammenleben so völlig überraschend überfallen und uns unsere vollkommene Hilflosigkeit spiegeln, denn der Krach entsteht nicht aus sachlichen Gründen, sondern aus emotionalen Anlässen, aus einer Verwirrung und Gefährdung unserer bisher beruhigten Ängste. Auch darüber dachte der Philosoph aus Spanien nach: „Der größte Irrtum von der Renaissance bis auf unsere Tage war, daß man mit Descartes glaubte, wir lebten von unserem Bewußtsein, von jenem kleinen Teil unseres Wesens, den wir deutlich sehen und in dem unser Wille wirkt ... In Wahrheit bewegt uns, abgesehen von jenem oberflächlichen Eingreifen unseres Willens, ein irrationales Leben, das in unser Bewußtsein mündet und der verborgenen Höhle, dem unsichtbaren Grunde entstammt, der wir eigentlich sind" („Über die Liebe", S. 172, 173).

Aber was macht dann eine Ehe überhaupt glücklich?

Was macht eine Ehe glücklich?

Seit etwa 50 Jahren suchen Forscher und Verliebte, Geschiedene und Hoffende den Stoff, aus dem das Eheglück legiert wird.

Kommt es auf das Alter bei der Heirat an, auf die Dauer der Prüfungszeit, auf körperliche Attraktivität oder sexuelle Harmonie, Ähnlichkeiten oder Unterschiede der Partner oder ist Toleranz der Glücksfaktor?

Bei einer Befragung von 570 Frauen und 530 Männern, durchgeführt vom Institut für Demoskopie in Allensbach, schälten sich einige Glücksfaktoren heraus:

1. Je ähnlicher sich die Partner in ihren Interessen und Charakteren sind, desto harmonischer ist ihre Ehe.

2. Waren bereits die Ehen der Eltern glücklich, so lernten die Kinder konstruktives und liebevolles Verhalten am Beispiel der Eltern, und es kommt ihnen in der eigenen Ehe zugute.

3. Eine späte Heirat nach längerer Prüfungszeit ist günstig. Die Partner verhalten sich dann reifer und verantwortungsbewußter.

   Weniger bedeutsam sind dagegen Altersunterschiede zwischen den Ehegatten.

4. Besonders bedeutungsvoll ist der Faktor „Reife". Doch was heißt das?

   Frauen fühlen sich in einer Beziehung glücklich, wenn ihr Partner

   – warmherzig und voller Gefühl ist,
   – sich gut einfühlen kann,
   – rücksichtsvoll und häuslich ist,
   – gut zuhören kann,
   – voller Energie steckt,
   – nicht so schnell aus der Ruhe zu bringen ist

und
- sich mit den meisten Menschen gut verträgt.

Männer schätzen bei ihren Frauen besonders:
- Starkes Einfühlungsvermögen,
- rücksichtsvolles Verhalten,
- die Fähigkeit, gut zuzuhören,
- Warmherzigkeit und viel Gefühl,
- Sparsamkeit,
- innere Stabilität,
- Selbstlosigkeit,
- Ordnungsliebe.

Glückskiller sind folgende schädliche Eigenschaften:
- Egoismus
- wechselnde Stimmungen (launisch)
- Rechthaberei
- leichte Verletzbarkeit mit nachtragendem
  Verhalten
- Willensschwäche
- Pessimismus.

„Ideale" Partner sind also seelisch stabil, belastbar und positiv eingestellt. In ihren Herzen ist viel Platz für den anderen. Sie haben wenig Angst voreinander, lassen sich gelten und gehen freundschaftlich und wohlwollend miteinander um. Sie nehmen nicht gleich alles persönlich, fühlen sich nicht angegriffen und können recht gut Zugeständnisse machen, ohne das beklemmende Gefühl zu haben, dabei zu kurz zu kommen.

Schon der russische Dichter Leo Tolstoi wußte, wie sehr sich glückliche Familien gleichen. Psychologische Untersuchungen bestätigen ihn.

Beispielsweise eine 1985 in Amerika veröffentlichte Arbeit über die „Geheimnisse zusammenhaltender Familien" (Nick Stinnett und John DeFrain, Secrets of Strong Families). Über 3000 Familien nannten sechs Eigenschaften als Basis ihres guten Zusammenlebens.

Bei ihnen ist das Familienleben mehr als ein Bravourstück an gutem Willen und verzweifeltem Durchhaltevermögen. Es ist zwar manchmal mühsam, aber folgende sechs Prinzipien helfen ihnen gerade in Krisenzeiten: *Das Gefühl der Verpflichtung*. Man fühlt sich der Familie gegenüber im Wort und weiß, daß Glück nicht vom Himmel fällt, sondern Ergebnis der Investition von Zeit, Energie und Gefühl ist. Vielleicht überraschend: Der Beruf schluckt nicht die meiste Zeit, sondern die Nummer eins, die Familie. Man möchte seinen Kindern ein gutes Vorbild sein für ihr eigenes späteres Familienleben.

Freude über das Miteinander. In der stabilen Familie verbringen die Menschen viel Zeit miteinander. Wichtig ist, überhaupt etwas zusammen zu machen. Auch beim Abwasch oder bei der Gartenarbeit kann man gut miteinander plaudern. Es ist wichtig, viel voneinander zu erfahren, um sich nicht aus den Augen zu verlieren.

Auch *„sittliche Reife"* taucht hier wieder auf: Man hat bestimmte Prinzipien, ist ehrlich miteinander, teilt, leidet mit und möchte nicht nur für sich, sondern in ganz starkem Maße auch für die anderen in der Familie sorgen. Es fehlt die Angst, selbst zu kurz zu kommen oder nicht beachtet zu werden.

Ganz wichtig ist dabei die Anerkennung. Immer wieder betonen die „Stabilen" diesen Punkt. Sie sagen sich Angenehmes, loben und bemerken Positives, während Negatives nicht gleich ins Blickfeld gerät. Eine Frau schildert das so: „Wenn mein Mann jetzt nach Hause kommt, bemerkt er anerkennend, daß ich mich lange mit den Jungen beschäftigt habe, beim Friseur und beim Einkaufen war. Über das Unkraut im Garten redet er nicht. Wir haben uns angewöhnt, das zu sehen, was wir haben, nicht das, was uns fehlt."

Miteinander reden. Diese Familien unterhalten sich auch und gerade über Alltäglichkeiten, weil es natürlich nicht immer den „großen Stoff" gibt. Sie versuchen direkt zu sagen, was sie wollen, formulieren Wünsche und Abneigungen in höflicher Form und interpretieren das Gehörte selten. Sie fragen nach, ob etwas so oder so gemeint war.

Unter diesen Familien ist klar: *Ohne Krisen wird es nicht abgehen,* aber andererseits macht eine Krise auch keinen Sommer. Krise ist ein Signal für eine zu leistende Veränderung, ist Abschied von Vertrautem – und die Menschen ändern sich nun einmal. Also muß man sich anpassen.

Ähnliches fördert auch eine Untersuchung aus Kalifornien zutage. Ehepaare, die länger als 15 Jahre miteinander verheiratet waren, sehen im anderen den „besten Freund". Entsprechend höflich, wohlwollend und offen behandeln sie sich. Auch die Punkte „Fürsorge", „Reife", „mehr geben, als man bekommt" tauchen wieder auf. Und die Paare sind von der „lebenslangen Einrichtung Ehe" überzeugt. Das wollen sie schaffen, und da muß man in Krisen auch mal die Zähne zusammenbeißen, durchhalten und sich um verschiedene Lösungen und Veränderungen bemühen – und nicht so schnell auseinanderlaufen –, meinen die „Glücklichen". Weniger als zehn Prozent glauben übrigens, daß ein erfülltes Sexualleben ihre Verbindung zusammenschweißt.

Wichtig ist wieder, viel Zeit miteinander zu verbringen und immer wieder Gespräche zu suchen, um sich nicht zu verlieren. Wohlgemerkt: Nicht nur ernste Problemwälzereien, sondern die vielen kleinen Small talks bringen es.

Die „Stabilen" werfen längst nicht so schnell die Flinte ins Korn, und sie lassen sich auch nicht von trügerischen Glückserwartungen blenden, sondern krempeln in kritischen Zeiten die Ärmel hoch, ähnlich wie ein guter Geschäftsmann es tut, wenn sein Laden schlechter läuft.

Dabei steht der gemeinsame und nicht so sehr der individuelle Nutzen im Vordergrund. Sie suchen eine Lösung, die beiden Partnern gerecht wird.

Sie vermeiden trotz aller Versuchungen die Suche nach einem Sündenbock. Nicht „wer war es?" ist wichtig, sondern „was wollen wir jetzt?". Sie fassen sich an die eigene Nase, um den Schaden zu begrenzen, und fragen sich: Was habe ich verschwiegen, was habe ich zu wenig honoriert, vor was bin ich furchtsam zurückgeschreckt?

Die „Idealen" ahnen mindestens ihre Grundängste und wissen um ihre Wünsche. Sie stehen dazu und akzeptieren sie.

Schwierig wird es erst, wenn wir unsere Grundängste nicht wahrhaben wollen. Nur zu leicht neigen Ängste und Hemmungen ja dazu, sich wie Adam und Eva nach dem Sündenfall zu verbergen. Ich spreche da aus eigener Erfahrung ...

Die Angst im Zusammenleben

Samstag vormittag bei uns zu Hause. Mit einem Glas Tee sitze ich an meinem Schreibtisch. Plötzlich geht die Türe auf. Mit kleinen Augen erscheint meine Frau und blinzelt in das helle Licht.

„Wie spät ist es", fragte sie gähnend.

„Gleich halb zehn", erwidere ich.

Ihr Gesicht verfinstert sich: „Was, soo spät ist es schon? Du solltest mich doch um acht Uhr wecken, damit ich rechtzeitig in die Stadt komme."

Lächelnd versuche ich ihren Vorwurf zu entkräftigen: „Ich weiß, aber als ich aufgestanden bin, hast du noch richtig tief geschlafen, und da hab ich es einfach nicht übers Herz gebracht, dich aus deiner wohlverdienten Ruhe zu reißen. Die Stadt läuft dir doch nicht davon. Kannst dir am Wochenende doch wirklich mal Ruhe gönnen."

Sehen Sie, das ist ein treusorgender Ehemann. Ich bin stolz auf mich. Ganz vorsichtig habe ich mich vorhin aus dem Schlafzimmer geschlichen, um meine Frau nicht aufzuwecken.

Kann sie mehr verlangen?

Sie tut es. Ich scheine die Rechnung ohne die Wirtin gemacht zu haben. Ihre Stirn kräuselt sich und ihre Augen werden kleiner. So etwa muß Josefine ausgesehen haben, als ihr Napoleon eine Schlacht verlor.

„Ich hab's doch nur gut gemeint", stoße ich hervor.

Sie kennen die Situation wahrscheinlich: Seit zehn Minuten sind Sie auf einsamer Landstraße Auto gefahren, als eine schmale Brücke auftaucht. Und genau an dieser Stelle kommt Ihnen ausgerechnet ein Fahrzeug entgegen!

Physiker sprechen in solchen Momenten vom McMurphy-Phänomen: Das Unwahrscheinliche tritt am falschen Ort und im falschen Moment ein. Was auch erklärt, warum das Brötchen mit der Marmeladenseite nach unten auf den hellen Teppich fällt. Das McMurphy-Phänomen tritt häufig in Ehen auf:

1. Es geschieht etwas, mit dem Sie nicht gerechnet haben.
2. Es geschieht im falschen Augenblick.
3. Es trifft immer den Unschuldigen.
4. Es trifft also immer Sie.

Meine Frau wird laut: „Meine Güte, ich hatte dich nur gebeten, mich rechtzeitig zu wecken. Ist das denn schon zu viel verlangt? Aber nein, du mußt ja alles besser wissen. Dich kümmert es nicht, daß ich tausend Besorgungen zu erledigen habe, du sitzt ja gut mit deinem Tee."

Meine Erwiderung ist dürftig: „Davon hast du mir nichts gesagt. Und außerdem ist es soo spät nun auch wieder nicht." Ich ärgere mich. Schließlich habe ich es gut gemeint und nicht solch ein Theater verdient. Es ist nun mal passiert. Schwamm drüber.

Aber meine Frau schreibt nicht mit Kreide, sondern mit Meißeln in das ewig geöffnete Buch der Eheverfehlungen. „Auf dich kann man sich auch niemals verlassen."

Das sitzt: Nie verlassen? Daß ich nicht lache! Das mir, ausgerechnet mir. Das geht erheblich zu weit. Feuer und Wasser prallen in meiner Seele aufeinander – und es beginnt zu kochen.

Mann und Frau sind in der Ehe wie eine Seilschaft in den Bergen, die einen hohen und schroffen Fels erklimmen will. Beide sind aufeinander angewiesen und voneinander abhängig. Fehler des einen haben unabsehbare Folgen für den anderen. Also ist man entsprechend vorsichtig. Und was ist sie? Warum soll immer ich der Sündenbock sein?

Irgendwann erscheint er immer da zu sein, der Beziehungsfrust. Da fühlt man sich verkannt, ungerecht behandelt, verletzt. Das tut weh, und man will sich rächen. Und man fragt sich kopfschüttelnd, warum man ausgerechnet diese Frau oder diesen Mann geheiratet hat.

Man denkt zähneknirschend, daß das Leben mit einem anderen Menschen viel schöner sein könnte. Aber geht es dem Alkoholiker besser, wenn er vom schalen Bier auf Korn umsteigt? Bringt es etwas, den Partner zu wechseln, ist das der lindernde Notverband bei heftigem Eheschmerz?

Ich wollte doch nur meiner Frau etwas Schönes gönnen. Eigentlich müßte sie mich sogar loben, denn ich habe doch partnerschaftlich gedacht. Das Bild des guten Ehemannes, das sich in meinem Herzen spiegelt, ist zur schönsten Zufriedenheit erfüllt. Denn ich erwarte von mir, freundlich und hilfreich, einfühlsam und liebenswert zu sein. Edel sei der Mensch, hilfreich und gut.

Meine Frau kratzt an diesem Bild, das ich von mir habe, indem sie mir trotz meiner guten Absichten einen Vorwurf macht. Sie erkennt meine positiven Eigenschaften nicht an und sieht mich falsch. Sie tut mir weh, weil sie mich anders sieht als ich mich sehe. Ich kann das schlecht ertragen.

Wenigstens etwas Anerkennung hätte ich doch wohl verdient, und mir fällt der Witz ein, wonach es zwei Arten von Frauen gibt: Manche sind wie ein Gedicht und auf andere kann man sich keinen Reim machen.

Meine Frau rauscht, ganz Rachegöttin, durchs Zimmer: „Du bist schuld, daß ich mich jetzt wie eine Verrückte hetzen muß! Weil du nicht das tun kannst, um das man dich bittet."

Jetzt, wo ich diese Episode niederschreibe, erscheint mir mein Getroffensein kleinlich, fast albern, und das Verhalten meiner Frau zeugt auch nicht gerade von großer Reife. Wir hatten uns verrannt, reagierten verbiestert und lächerlich. Aber Sie kennen das bestimmt: Manchmal rastet man innerlich aus und reagiert kindisch. Rückblickend faßt man sich entgeistert an den Kopf und fragt sich, wie man nur so blödsinnig handeln konnte.

Solche Situationen lassen das Kind in uns erkennen, denn wir handeln leider nicht vernünftig und der Situation angemessen, sondern folgen in der Kindheit gemachten Erfahrungen.

Ich erinnere mich: Mit dröhnender Stimme deklamiert mein Deutschlehrer: „Edel sei der Mensch, hilfreich und gut."

Er senkt seine Stimme und blickt uns forschend über den Rand seiner wuchtigen schwarzen Brille an.

„Was *Goethe* mit diesen Worten ausgedrückt hat, das ist die Basis der Humanität und des menschlichen Zusammenlebens überhaupt. Wer nicht hilfreich und gut sein möchte, der ist ein gemeiner Schnorrer."

Sein Blick verharrt bei mir.

Ausgerechnet. Ob er etwas ahnt? Siedendheiß steigt es in mir hoch. Gestern habe ich mich nämlich wieder vor der Gartenarbeit zu Hause gedrückt, weil ich angeblich mit meinem Freund für die Mathe-Arbeit büffeln wollte.

Tatsächlich aber war ich mit Kathrin erst in der Eisdiele und später haben wir uns auf einem Spaziergang geküßt. Meine Mutter jammerte abends über Rückenschmerzen. So ganz edel und gut war ich wohl nicht. Wenn nun alle so handeln würden, wenn Kathrin mich so anlügen würde? Ja, wo kämen wir denn da hin? Mein jugendliches Herz empört sich über mein Verhalten. Etwas in mir flüstert: Eine ganz schöne Schweinerei von dir, diese Lügerei. Das tut man doch nicht!

Und morgen ist die Mathe-Arbeit dran. Dann heißt es Farbe bekennen. Es wäre wohl nur gerecht, wenn ich sie verhauen würde. Vielleicht wäre es die entlastende Reue, die Asche auf mein Lügenhaupt. Sicherlich muß ich nicht gleich sitzenbleiben, so streng wird die Gerechtigkeit nicht gleich sein. Doch etwas Strafe ist wohl nötig.

Mein Deutschlehrer schaut weiter in die Runde. Der Kelch geht an mir vorbei. Vielleicht sollte ich schnell noch etwas für die Mathe-Arbeit tun. Allerdings habe ich mich schon wieder mit Kathrin verabredet. Und wenn ich wieder im Garten helfen soll?

Edel sei der Mensch, hilfreich und gut. Also kann ich doch Kathrin nicht versetzen, wo ich es ihr versprochen hab'. Das wäre sonst wirklich nicht gut. Oder doch?

In mir lebt ein kleiner Junge, der gut sein und seiner Mutter gefallen möchte, um geliebt zu werden. Es sind Wünsche und Verhaltensweisen aus meiner Kinderzeit, die in meiner Erinnerung gespeichert sind und in kritischen Situationen abgerufen werden und automatisch mein Erleben und mein Handeln bestimmen.

Das Kind in mir hat Angst, abgewiesen, nicht gemocht oder bestraft zu werden, wenn es nicht „gut" ist.

Meine Frau gibt mir zu verstehen, daß mein Verhalten nicht gut war. Sie kritisiert mich. Es tut mir weh, weil sie einen wunden Punkt berührt, weil sie alte Ängste in mir aktiviert. Diese Angstgefühle fallen automatisch über mich her. Das Kind in mir befürchtet, abgelehnt zu werden, wenn es nicht „gut" ist. Und gerade bin ich nicht „gut" gewesen. Also wird eine Bestrafung folgen, sagt mir meine innere Stimme.

Weil das Kind in mir noch zu wenig Erfahrungen mit Ablehnung gemacht hat, wird es in Panik verfallen. Es sagt sich nämlich: Weil sie mich jetzt im Moment nicht leiden mag, wird sie mich nie wieder leiden mögen. Sie wird mich von nun an bis in alle Ewigkeit ablehnen, und ich armer Kerl werde schrecklich leiden müssen.

Aber diese schlimme Angst ist so furchtbar für mich als Kind gewesen, daß ich sie ganz schnell aus meinem Bewußtsein damals verbannt habe. Mit der Angst vor ewiger Ablehnung kann kein Kind leben. Deshalb rettet es sich mit einem Ersatzgefühl. Statt die Angst zu spüren, fühle ich mich traurig. Statt wütend zu werden, weil meine Frau mich und mein gutes Verhalten nicht mal würdigt, reagiere ich wutlos beleidigt. Es bleibt mir nur die Rolle der „beleidigten Leberwurst". Und das aus gutem Grund, denn als Kind habe ich noch etwas gelernt: Für ganz bestimmtes Verhalten werde ich beachtet, belohnt. Wenn ich verstimmt und traurig war, dann kümmerten sich meine Eltern um mich, und das tat mir gut.

Aber meine Frau reagiert nicht so wie meine Eltern. Das ist schlimm für mich, weil ich doch nun nicht die gewünschte Beachtung und Zuwendung bekomme. Sie läßt mich „verhungern". Vielleicht muß ich noch beleidigter reagieren, damit sie mich endlich tröstet, sagt mir meine unbewußte Stimme, und sie hindert mich daran, liebevoll einzulenken.

Die Nabelschnur zwischen damals und heute ist meistens kürzer, als wir meinen. Deshalb ist es hilfreich, einen kurzen Ausflug in die Psychologie der Entwicklung zu unternehmen, getreu dem chinesischen Sprichwort: „Indem Du über Deine Vergangenheit nachdenkst, erfährst Du einiges über Deine Zukunft".

In seiner Kindheit erfährt und lernt der werdende Mensch un-
geheuer viel. Denken Sie nur daran, in welch kurzer Zeit ein
Kind seine Muttersprache lernt, und wie lange ein Erwachsener für das Erlernen einer Fremdsprache benötigt!

Kinder sind extrem aufnahmebereit – und das in jeder Beziehung. Sie erfahren auch ihre Abhängigkeit von den Betreu-
ungspersonen. Auf Gedeih und Verderb hängen sie von der
Nahrung und der Wärme, der Fürsorge und der wohlwollen-
den Bestätigung ihrer Eltern ab. Wenn das kleine Kind schreit,
und niemand kommt, fühlt es sich verlassen und in Gefahr. Es
reagiert mit Angstgefühlen auf diese Bedrohung. Weil das
Kleinkind diese Situation noch nicht verstehen und darüber
auch nicht sprechen kann, wird diese Angst nicht verarbeitet,
sondern, sofern sie häufiger auftritt, im Unbewußten gespeichert. Das hat Folgen: Gerät ein Mensch mit solchen Gefühlen
später in eine auch nur geringfügige Verlassenheit, beispielsweise wenn er bei einer wichtigen Verabredung versetzt wird,
so melden sich die Geister der Vergangenheit wieder. Angst,
für den Betroffenen meistens völlig unerklärlich, überfällt ihn.
Doch der Erwachsene wird wahrscheinlich nicht seine Angst
zeigen, sondern verärgert sein oder seine Betroffenheit herun-
terspielen: Ist nicht schlimm, daß ich warten mußte.

Denn noch etwas ist passiert.

Das kleine Kind kann ein Angstgefühl nicht ewig aushalten,
und der Organismus schützt sich deshalb, indem er das bedrohliche Gefühl verdrängt, und statt dessen ein Ersatzgefühl
erlebt wird.

Ersatzgefühle entstehen hauptsächlich zwischen dem zweiten und vierten Lebensjahr, denn in dieser Zeitspanne möchte
das Kind besonders anerkannt sein. Es „produziert" Gefühle,
die seinen Eltern gefallen, für die es also belohnt wird. Diese
Belohnung ist meistens gar nicht so deutlich zu registrieren,
aber das Kind mit seiner noch enormen Sensibilität merkt sie
doch: Das stolze Lächeln der Mutter, wenn ihr Sprößling artig
war, der anerkennende Blick des Vaters, weil der Sohn sich gegenüber dem Nachbarskind zur Wehr gesetzt hat oder der er-
hobene Zeigefinger, weil das Schwesterchen gehauen wurde –

und Angst vor Verlassenheit auftauchte: Wenn ich meine Schwester malträtiere, wenden sich die Eltern ab, und ich bin allein. Vorsicht, mahnt die Stimme der Erfahrung, da droht Alleinsein – und Alleinsein ist fürchterlich, weil es meine Existenz bedroht: Ich kann doch noch nicht für mich alleine sorgen.

Beispielsweise hat sich der kleine Junge an einer Tischkante gestoßen und weint. Seine Mutter kommt angelaufen und möchte ihn trösten. „Ist doch gar nicht so schlimm", meint sie, „komm, es tut doch gar nicht mehr weh."

Und der Vater ergänzt forsch: „War doch nur ein kleiner Rempler, stell dich bloß nicht so an."

Mutter möchte den Schmerz wegtrösten, Vater fürchtet zarte Gefühle und Anteilnahme. Sie erscheinen ihm vielleicht allzu „weibisch". Der kleine Junge aber lernt etwas: Wenn ich Schmerzen spüre, so ist mein Gefühl gar nicht „richtig", denn die allwissende Mutter sagt doch, es tue nicht mehr weh. Und Vater meint das ja wohl auch. Also habe ich „falsche" Empfindungen. Statt Schmerzen zu haben, werde ich lachen. Und damit tue ich meinen Eltern auch noch einen Gefallen, und sie belohnen mich mit anerkennenden Worten und Blicken. Das Kind lernt, die Wünsche seiner Eltern zu erfüllen.

Später wird der Junge dazu neigen, schmerzhafte Gefühle zu bagatellisieren. Ihm wird äußerlich und innerlich nichts wehtun. Selbst wenn seine Frau ihn irgendwann einmal verläßt, dann ist das eben nur ein Zeichen der Zeit oder eine Folge der übertriebenen Emanzipation, und er wird nicht spürbar leiden, nicht weinen oder bedrückt sein. Aber tief drinnen nimmt sein Körper doch noch das „richtige" und angemessene Gefühl wahr, und drückt es möglicherweise in muskulären Verspannungen im Schulter- und Nackenbereich oder in Herzstichen oder in „unerklärlichen" Magenbeschwerden aus. Der Körper spricht, weil die Seele zu schweigen gelernt hat. Der Schmerz wird abgewehrt und durch ein anderes Gefühl ersetzt.

Ich erinnere mich an einen jungen Mann in der Beratung. Als Kind hatte er schreckliche Angst vor einem knarrenden Geräusch an der Wand seines Kinderzimmers. Sein Vater klopfte einmal die Wand ab und fand nichts. Das knarrende Geräusch war auch nicht immer zu hören, deshalb beachteten die Eltern seine Angst nicht weiter. „Du spinnst", lautete ihr Kommentar. Aber er hörte das Geräusch natürlich trotzdem. Dabei geriet er in eine fatale Zwickmühle: Soll ich meinem Gefühl der Angst trauen oder den Beschwichtigungen der Eltern? Spinne ich vielleicht wirklich?

Ein paar Monate später stellte sich heraus, daß die neu an der Hauswand befestigte Straßenbeleuchtung bei Wind das Knarren verursachte …

Ein anderes Mal hatte der Ratsuchende als kleines Kind fürchterliche Wut auf seine Mutter. Er schrie sie an: „Du blöde Kuh, du. Du bist die schlimmste Mutter auf der ganzen Welt. Nein, du bist gar nicht meine Mutter!"

Seine Mutter war entsetzt. Sie befahl ihm, sich zu schämen und zur Strafe in die Ecke zu stellen, denn so etwas dürfe man nie und nimmer zu seiner Mutter sagen, sonst käme man in die Hölle. Die Hölle war für ihn etwas Schreckliches, wo man unter großen Qualen bei lebendigem Leibe verbrannt wurde. Die Aussicht auf diesen Aufenthaltsort zeigte drastische Wirkung. Nie wieder wollte er so böse Worte sagen, nie wieder durfte er so schlimme Wut zulassen. Das Gefühl der Wut wurde für ihn gefährlich, und er lernte, die Wut und den Ärger zu verdrängen. Solche Regungen gab es für ihn einfach nicht mehr.

Allerdings wurde er nun kein absolut friedfertiger Mensch, sondern schluckte Ärger, ohne es zu merken, runter. Er bekam Magenbeschwerden und benahm sich untertänig. Er zeigte das Gegenteil seines wahren Gefühls, und nur manchmal rutschte ihm eine arg ironische Bemerkung heraus, die wenigstens ansatzweise seinen Ärger ausdrückte.

Warum dieser Mann in die Sprechstunde kam? Er hielt sich für verrückt, weil er etwas fühlte, was doch nicht wahr sein konnte. Jedenfalls sah er es so. Er traute seinen Gefühlen nicht – und konnte sich glücklicherweise doch nicht ganz gegen sie wehren.

Elterliche Ermahnungen haben Spuren in jedem Menschen hinterlassen: „Sag dieses und jenes nicht", „das tut man nicht", „das darfst du nicht", „das gehört sich nicht", sind unumstößliche Regeln, mit denen ein Kind leben muß, wenn es an die Kultur angepaßt wird. Es erlebt Einengungen seines kindlichen Entfaltungsdranges, und so wird Erziehung zu einem psychischen Trampelpfad, auf dem man sich noch als Erwachsener mehr oder weniger mühsam vorwärts bewegt: „Spiel nicht so laut", „sag keine Widerworte", „achte und ehre deine Eltern, denn sie meinen es gut mit dir", „man darf keine Mädchen hauen", „man darf nicht weinen", „ein Indianer zeigt keinen Schmerz", „bestimmte Wörter sagt man nicht", „wenn du lügst, fault dir die rechte Hand ab", „Selbstbefriedigung führt zu Rückenmarksschwund", „man faßt sein Geschlechtsorgan nicht an", „du mußt lieb zu deiner kleinen Schwester sein", „wenn du nicht lieb bist, mag ich dich nicht leiden", „wenn du nicht artig bist, geht Mutti fort". Das soll nur eine kleine Auswahl an Reglementierungen sein – Sie können die Liste sicherlich ergänzen.

Auch als Erwachsener können wir uns von solchen Ge- und Verboten nicht gänzlich lösen. Ein gewisser Rest bleibt immer ... Er engt uns ein und läßt uns manchmal nicht so erleben und handeln, wie wir eigentlich gerne möchten. Noch Jahre später trauen wir uns nicht, richtig wütend zu werden, jemandem unsere ehrliche Meinung zu sagen, sexuelle Wünsche offen zuzugeben, mit den Eltern zu streiten, uns wegen verdorbener Ware im Supermarkt zu beschweren, vor anderen zu weinen, Ängste zuzugeben oder uns von einem anderen Menschen abhängig zu machen.

Am meisten fürchten sich Menschen davor, klein, schwach und unterlegen zu sein; fordernd oder gar aggressiv zu handeln; verletzbar und nicht liebenswert zu sein. Statt dessen möchten wir „gegenteilig" sein: Liebenswert und anerkannt, bewundert und akzeptiert wollen wir erscheinen, großartig, selbstbewußt und unabhängig, kompromißbereit und freundlich, ausgeglichen und belastbar, fair und gesprächsbereit. Der Charakter als Schmelztiegel von Erziehungs- und aktuellen Ansprüchen soll nur die guten und „edlen" Seiten enthalten. Dieses Bild von uns möchten wir erhalten und anderen vermitteln. Und daran soll möglichst nicht gekratzt werden. Wehe, jemand stellt dieses Bild infrage! Sofort kriecht dann die Angst aus unserer Kindheit in uns empor, und wir verfallen in ein Ersatzgefühl, um nicht diese Angst zu erleiden.

Stellen Sie sich nur einmal vor, jemand sagt zu ihnen, Sie

seien ganz schön aggressiv und hartherzig. Werden Sie bestätigend mit dem Kopf nicken?

Wahrscheinlich erleben Sie zuerst ein inneres Aufbäumen: Was, ich soll so sein? Nein, bin ich nicht! Trotzig meldet sich ihre bessere Seite. Natürlich lasse ich mir nicht alles gefallen. Aber aggressiv? Nee. Und hartherzig schon gar nicht. Habe ich nicht neulich meiner Frau einen sehnlichen Wunsch erfüllt und den kranken Kollegen besucht? Na bitte!

Und damit stimmen Sie dem Philosophen Nietzsche zu, der in „Jenseits von Gut und Böse" schrieb: „,Das habe ich getan' sagt mein Gedächtnis. ,Das kann ich nicht getan haben' sagt mein Stolz und bleibt unerbittlich. Schließlich gibt das Gedächtnis nach." Wir sehen uns so, wie wir uns sehen möchten, wir sehen uns so, wie wir es gelernt haben, um Bestätigung zu bekommen, und wir wehren das ab, was uns an schlimme Situationen in unserer Kindheit erinnern könnte. Unangenehme Gefühle sollen ferngehalten werden.

Jeder Mensch spielt bestimmte Rollen, um „aufzufallen", um Anerkennung zu erlangen. Ein paar Beispiele:

Du mußt mich bewundern, weil ich alles kann, sagt der Alleskönner. Und nur wenn ich alles schaffe und bewältige mag man mich. Ich bin fleißig und rackere mich ab, denn schon meine Eltern belohnten mich dafür, daß ich mich an alles herantraute. Nebenbei bemerkt: Ich schätze auch meine Unabhängigkeit und möchte niemanden um Rat fragen, denn dann würde ich mich wieder klein und hilflos fühlen. Nein, ich möchte doch groß und allmächtig sein, um bewundert zu werden und um mich unabhängig zu erleben.

Ganz anders verhält sich das große Kindchen. Ich bin doch so ungeschickt und darum müßt ihr mir helfen. Wie soll ich denn sonst im Leben klarkommen? Und du freust dich doch auch, wenn du mir helfen kannst, wenn ich dich brauche, sagt sie unbewußt ihrem Partner, der möglicherweise ein Alleskönner ist.

Wie ist solch ein Mensch zu seiner Rolle gekommen? Wenn das Kind etwas probierte, halfen ihm die Eltern viel zu schnell und viel zu häufig. Sie gaben ihm kaum eine Chance zur Bewährung und zum Lernen am Erfolg. „Laß das, das kannst du noch nicht, tu dir bloß nicht weh, laß das lieber deinen Bruder machen", lauteten die Aussagen der Eltern.

In amerikanischen Filmen der 50er Jahre spielt dieser Typ als naives Frauchen eine große Rolle, und magisch zog er natürlich jene Männer an, die sie beschützen wollten und ganz nebenbei den starken Typen spielen konnten.

Sie merken es schon: Keine Rolle ist schlecht und jeder „Topf" findet seinen „Deckel", zu jeder Rolle gibt es die kontrastiernde Ergänzung, und man sucht, findet und braucht sich in den entsprechenden Positionen.

Selbst der strenge Richter oder die Richterin bleibt nicht allein. Unerbittlich werden die lieben Mitmenschen bewertet und kritisiert. Niemand macht es recht, denn in den Fehlern der anderen sieht solch ein Mensch seine Größe: Er selbst hält sich für unfehlbar, und um sich auch weiterhin so erleben zu können, braucht er die Makel bei seiner Umgebung. An der Seite solch eines Kritikasters fühlt sich jeder mickrig, schuld- und komplexbeladen.

Im Grunde seines Herzens leidet der richtende Mensch an heftigen Minderwertigkeitsgefühlen und spiegelt nur wider, was er als Kind schon erlitten hat. Hart und anspruchsvoll erzogen seine Eltern ihn, denn aus dem Kind sollte mal etwas Rechtes werden. Das Lob war äußerst dünn gesät, der Tadel dagegen das Alltägliche. Wie sollte das Kind da stolz auf sich sein? Um das beklemmende Gefühl eigener Unzulänglichkeit abzuwehren, übernahm dieses Kind die Verhaltensweisen der Großen, und die Kleinheit wurde durch scheinbare Größe ersetzt.

Der Star, männlich und weiblich, stand schon ganz früh im Mittelpunkt. Die Eltern lobten und waren ganz aus dem Häuschen, wenn das bewunderte Kind etwas tat. Alles war toll, einmalig und wichtig. Ist es da ein Wunder, wenn dieser Mensch immer noch im Mittelpunkt stehen möchte und gierig Lob und Bewunderung einheimsen will? Er möchte unter allen Umständen der erste sein, gefragt werden, anerkannt sein. Und meint, daß ihm das so zufallen müßte. Tut es das nicht, was natürlich vorkommt, so drohen Kränkung, Verunsicherung und Depression, denn ein Star ist sich seines Wertes gerade nicht so sicher, wie es den Anschein hat. Ähnlich wie beim Typ Richter sollen

Unzulänglichkeitsgefühle abgewehrt werden – allerdings auf eine andere Art und Weise, denn ein Star hat eben etwas anderes erfahren als ein Richter.

Immer wieder bewundert werden die Friedfertigen. Ruhig nehmen sie vieles hin, sie brausen nur ganz, ganz selten mal auf und von ihnen hört man kaum etwas Aggressives. Sie schreien und sie wüten nicht und scheinbar sind sie mit fast allem zufrieden. Das verschafft ihnen viele Sympathien. Aber unter der Oberfläche des Friedfertigen sieht es manchmal ganz anders aus. Aus Angst vor Ablehnung geben diese Menschen schnell nach und verbieten sich auch den Ärger, der berechtigt und wichtig für das seelische Gleichgewicht ist. Als Kind haben sie Aggressionsverbote zu hören gekriegt: Man ist nicht laut, Bescheidenheit ist eine Zier, böse Kinder mag die Mami nicht leiden, wenn du schreist, bekommst du gar nichts, deinen Jähzorn werden wir dir schon austreiben. Sie haben ihre Lektion gelernt: Wenn ich meine Wut verdränge wird man mich mögen. Und so wird alles, was auch nur nach Aggressivität aussehen könnte, abgewehrt.

Wirklich verschwunden sind Aggressivität und Wut natürlich nicht. Sie schmoren vielmehr im Verborgenen weiter, bereit, irgendwann bei passender oder unpassender Gelegenheit loszubrechen. Solch eine Gelegenheit ist vielleicht der berühmte Streit um unrühmliche Kleinigkeiten, wobei eine Bagatelle das volle Ärgerfaß zum Überlaufen bringt. Gerade jetzt wirkt ein Ärgerausbruch äußerst deplaciert und löst wieder kein Verständnis, sondern Ablehnung und Bestrafung aus. Wegen einer Kleinigkeit solch ein Geschrei – das ist doch wirklich schlimm.

Wer seinen Ärger aufstaut, wird auch mal explodieren – und Explosionen sind schlimmer als kleine Auseinandersetzungen.

Vielleicht ist es hilfreich, wenn Sie sich fragen, welche Gefühle Sie selten bei sich spüren. Sind Sie manchmal:

Traurig
wütend
enttäuscht
verletzt
verunsichert
neidisch
verspielt
sexuell erregt
ängstlich
fühlen Sie sich schuldig
ungerecht behandelt
müde und mürrisch
unhöflich
liebevoll?

Gibt es eine Empfindung, die Sie seltener bei sich wahrnehmen? Welche ist es?

Über welche dieser aufgelisteten Gefühle haben oder hätten Ihre Eltern oder Großeltern abfällig oder sogar mit Mißbilligung geurteilt?

Wurde diese Mißbilligung direkt ausgesprochen, oder haben Sie sie eher in kleinen Gesten oder athmosphärischen Stimmungen gespürt?

Ich habe auch nach den Großeltern gefragt, weil es in manchen Familien eine „Tradition" dafür gibt, wie jemand sein soll, beziehungsweise wie er nicht sein darf. Gibt es bei Ihnen solch eine „Gefühlstradition"? Und wie möchten Sie zukünftig damit umgehen?

Ist ein bestimmtes Gefühl für Sie besonders unangenehm, peinlich oder belastend? Welches?

Wie versuchen Sie es zu vermeiden?

Weiß Ihr Partner von Ihrem Unbehagen angesichts dieses Gefühls?

Unbewußte Ängste

Sie haben also in Ihrer Vergangenheit etwas gelernt, was hilfreich für Sie ist, allerdings auch manches, das hinderlich ist. Vielleicht ist Ihnen einiges aus Ihrem Lernrepertoir auch gar nicht richtig bewußt. So hat jeder Mensch seine geheimen Ängste und Tabus, an denen niemand rütteln soll.

Hier eine Auswahl der Ängste und Tabus:
Ich fürchte mich
- nicht liebenswert zu sein,
- um etwas zu bitten,
- zu schwach zu sein,
- mich zu blamieren,
- lächerlich zu wirken,
- zu dominant zu sein,
- gar nicht so großartig zu sein,
- Fehler zu haben,
- zärtlich zu sein (weil es unmännlich ist oder weil du mich abweisen könntest)
- dir sexuell nicht gewachsen zu sein,
- von dir verlassen zu werden,
- mit dir zu streiten,
- von dir abhängig zu sein,
- daß du mir zu nahe kommst,
- mein Eigenleben zu entwickeln,
- daß du mich auslachen könntest,
- von dir kritisiert zu werden.

Wenn Sie ganz aufrichtig sind, werden Sie vielleicht bei einigen Befürchtungen genickt haben. Natürlich, denn wir sind ja keine Supermenschen!

Wenn Sie solche Ängste kennen, sind Sie erfreulich selbstkritisch, ehrlich und offen. Das sind gute Voraussetzungen für eine glückliche und stabile Partnerschaft. Sie gehören dann nämlich zu den Menschen des B-Typs. Doch der B-Typ – wer oder was ist das?

Die Angst, und wie Sie damit umgehen

Der B-Typ – und was er Ihnen sagt:
Der B-Typ ist ein Bekenner. Er steht zu seinen Ängsten und
Schwächen und weiß, daß er keinesfalls vollkommen ist. Das
ist für ihn nicht nur eine Rederei, sondern er handelt auch danach. Besser gesagt, er läßt sich behandeln, denn ihn darf man
kritisieren, und er beachtet das Gesagte. Es haut ihn nicht um,
doch er nimmt es sich zu Herzen.

Vielleicht erinnern Sie sich noch an die Ergebnisse der
„Eheglücksforschung": Im Herzen des idealen Partners ist viel
Platz für den anderen. Er kann ihn gelten lassen und einige
Unzulänglichkeiten zugeben. Ideale Partner haben wenig
Angst voreinander, denn sie fühlen sich nicht vom anderen be-
droht.

Sie erleben ihre Schwächen nicht als schlimm und peinlich,
sondern als etwas zwar nicht umwerfend Schönes, aber eben
doch Menschliches. Je offener man damit umgeht, desto besser, weil es dann weniger Vorwürfe und Konflikte gibt.

Im Klartext heißt das: Beispielsweise kann man sich an den
Partner klammern, weil man fürchtet, man könnte verlassen
werden. Man kann diese Befürchtung aber auch offen zugeben, statt sie indirekt auszuleben: „Du, ich habe lange nicht
von dir gehört, daß du mich noch magst. Manchmal fürchte
ich sogar, du könntest mich nicht mehr so mögen. Ich weiß
zwar, daß ich auf diesem Gebiet ziemlich unsicher bin, aber
sag mir doch mal etwas Beruhigendes. Okay?"

Ähnlich können Sie Ihre Eifersucht, Angst vor Unterlegenheit oder Furcht vor Auseinandersetzungen zugeben. Wenn irgendeine Angst Sie plagt, dann werden Sie dieses belastende
Gefühl auch ausleben. Im schlimmsten Fall zeigen Sie es nur
noch indirekt, eventuell hinter einer körperlichen Symptoma-
tik versteckt. Sie fühlen sich reizbar und viel zu schnell bedroht
und angegriffen. Der so häufig beschworene Streit um Kleinigkeiten und die ungerechte, vorwurfsvolle Kritik haben hier
ihre Ursache, denn unzufriedene Partner, die über den tatsäch-
lichen Anlaß ihrer Unzufriedenheit nicht sprechen, flicken
sich immer und ewig etwas am Zeuge und nörgeln herum. Der
Streit um Kleinigkeiten dient der Abreaktion. Aber wenn die

Ursache der Unzufriedenheit nicht gefunden wird, muß man sich immer und immer wieder abreagieren. Dann stehen turbulente Zeiten ins Haus!

Der A-Typ – und was er Ihnen sagt:
A wie Abwehr und Angst vor der Angst.

Der A-Typ möchte um nichts in der Welt seine Ängste preisgeben. Er meint, unfehlbar und fehlerfrei sein zu müssen – und so verhält er sich leider auch.

Aber gerade durch die Verleugnungen irgendwelcher Befürchtungen macht sich der A-Typ zum Sklaven seiner Grundängste. Niemand soll ihm auf die Schliche kommen – also muß dieser Mensch alles tun, um großartig und fehlerfrei zu erscheinen. Die Verleugnung von Schwäche oder Angst steuert ihn als lauernde Schlange im Grase. Der A-Typ sagt sich immer wieder:

Es wäre ja schlimm, wenn ich
- nicht großartig wäre,
- kein guter Mensch wäre,
- nicht so potent wäre,
- nicht liebenswert wäre,
- nicht stark und belastbar wäre,
- nicht unabhängig wäre,
- Angst vor Nähe und Hingabe hätte,
- wütend würde und mich nicht in der Kontrolle hätte,
- wenn ich betroffen oder gar gerührt wäre,
- wenn ich nicht erfolgreich wäre,
- wenn ich um Hilfe bitten müßte,
- wenn ich meine Fehler zugeben müßte.

Wahrscheinlich ahnen Sie bereits die Folgen dieser inneren Leitmotive. Wenn sich jemand nicht „erwischen" lassen möchte und deshalb sein Innerstes zu verbergen versucht, dann ist ein offenes und vertrauensvolles Zusammenleben natürlich äußerst schwierig. Dauernder Ehekrach ist in solchen Fällen die Chiffre für nicht eingestandenen Grundängste, wobei sich der A-Typ nach der Devise „Angriff ist die beste Verteidigung" verhält.

Der Salztest

Vielleicht möchten Sie jetzt gerne wissen, zu welchem Typ Sie und Ihr Partner gehören, und was Sie von sich und dem Menschen an Ihrer Seite zu erwarten haben.

Es gibt ganz einfache Möglichkeiten. Machen Sie doch mal den Salztest. Am besten geht das, wenn Sie meistens für das Kochen zuständig sind. Sie versalzen absichtlich das Essen. Nicht zu stark, sonst erkennt man die Absicht, aber eben doch spürbar. Sagen Sie nichts dazu, und schlucken Sie brav herunter, denn nun trennt sich die Spreu vom Weizen.

Wie reagiert der Mensch an Ihrer Seite, wenn er in die versalzene Kartoffel sticht oder die ersten Löffel der Salzsuppe schlürft? Macht er Ihnen eine Szene mit wilden Vorwürfen? Dann ist er höchstwahrscheinlich ein A-Typ, der Ihr Mißgeschick benutzt, um sich zu beschweren und wenig Verständnis zu zeigen, denn so etwas würde ihm ja nie passieren …

Ist er verärgert, aber schiebt Ihnen keine Schuld in die Schuhe? Schon besser. Er tendiert in Richtung B-Typ und läßt seinen Gefühlen freien Lauf. Kein Wunder, daß er meckert, denn zu viel Salz ist eben ärgerlich für die Geschmacksnerven.

Reagiert er nach dem Motto „Schwamm drüber – kann ja jedem mal passieren", haben Sie mit ziemlicher Sicherheit einen echten B-Menschen erwischt. Herzlichen Glückwunsch! Wer nämlich für seine eigenen Fehler und Schwächen Verständnis hat, der verzeiht auch dem Partner eher. Er benötigt Ihre Fehler nicht zur Kompensation seiner Minderwertigkeitsgefühle. Also ein dickes Plus für den gemeinsamen Alltag!

Auch der Streittest sagt mehr als 1000 Versprechungen. Wie reagieren Sie in Auseinandersetzungen, wie benimmt sich Ihr Partner?

In den meisten Streitszenen möchte einer der Kontrahenten Recht bekommen. Wie verbissen wird für dieses vermeintliche Recht gekämpft? Werden die Argumente der Gegenseite einfach zur Seite gewischt wie eine lästige Mücke? Vorsicht, da könnte ein A-Typ streiten. Er glaubt, Recht zu haben, der Rest interessiert ihn herzlich wenig. Im Unterschied dazu gibt der B-Typ eher etwas zu. Er nimmt die „gegnerischen" Meinungen ernst, wägt ab, läßt den anderen Menschen auch gelten und weiß um die zwei Seiten einer Medaille, und daß es keine absolute Wahrheit gibt.

Selbstverständlich engagiert er sich für seine Interessen, doch tut er das nicht um jeden Preis, weil er weiß: Zwei Gewinner sind besser als ein Verlierer und ein Sieger.

Taktvolles Taktieren

Ob sich zwei Menschen annähern oder ob sie sich spinnefeind sind, das hängt von körperlichen Eigenschaften und vom „Bedrohungsfaktor" beziehungsweise „Entängstigungsfaktor" ab. Schönheit allein reicht nicht aus, um sich zu verstehen, aber ohne reizvolle Merkmale der Gestalt läuft nun einmal nichts. Damit es auch richtig funkt, muß sich noch ein „ausgleichendes Gegenverhalten" einspielen, wie der schweizer Ehetherapeut Jürg Willi meint.

Beide Partner bilden dabei ein funktionierendes Ganzes, indem sie sich aufeinander abstimmen in ihren Plänen und Verhaltensweisen. Sie respektieren die Grundängste und fordern nicht die ins Unbewußte verdrängten Verhaltensmöglichkeiten.

„Wenn ich von Rolf etwas Wichtiges will, muß ich es ihm bröckchenweise schmackhaft machen, sonst bleibt er absolut stur", weiß Sybille.

„Wenn ich mit Claudia eine traumhafte Liebesnacht verbringen möchte, muß ich sie schon tagsüber verwöhnen und ihr ein sicheres Gefühl von Geborgenheit geben, sonst fühlt sie sich als Sex-Objekt mißbraucht", hat Rudolf erkannt.

„Ich darf Paul nicht zu dicht auf die Pelle rücken, sonst wird er grantig wie ein alter Brummbär, weil er sich eingeengt fühlt. Manchmal muß ich Zärtlichkeiten von ihm fordern, sonst vergißt er mich. Stets muß er die Initiative ergreifen, damit er den Eindruck von Freiheit hat", gesteht Petra achselzuckend. „Man muß sich eben aufeinander einstellen, denn die Ehe ist keine Schule, in der man den anderen noch erziehen kann, auch wenn Männer manchmal noch wie große Kinder sind." Alexander respektiert die schlummernde Eifersucht seiner Frau: „Wenn ich bei einem Vergnügen mehr als einmal mit einer bestimmten Frau tanze, reagiert Ilona sauer und macht mir später herbe Vorwürfe. Das ist nunmal so. Es ist eine Schwäche von ihr, aber damit können wir leben. Ich respektiere ihre Angst, und dann ist alles in Ordnung."

Diese Partner rütteln vorsichtshalber nicht an den Ängsten und Schwächen des anderen, um die gemeinsame Beziehung befriedigend und funktionsfähig zu erhalten. Sie bringen gewisse Opfer für das gemeinsame Wohl. Vielleicht ahnen sie es gar nicht, aber es ist so: Partner schließen miteinander einen ganz bestimmten Ehevertrag, in dem sie ihre psychischen Verpflichtungen regeln: Respektiere mich, dann respektiere ich auch dich. Laß mir meine Ängste und provoziere mich nicht, dann werde ich dich auch nicht bedrohen.

Diese Wechselseitigkeit ist wichtig. Leider wird aus ihr nur zu leicht der Stein des Anstoßes, wenn nämlich einer der beiden den Eindruck hat, der andere spiele nicht ganz fair mit. Sofort schleicht sich nagendes Mißtrauen ein, und es kriselt. Denn niemand übt gerne Rücksicht, wenn er sich ausgenutzt fühlt und den desillusionierenden Eindruck gewinnt, der andere sei an ihm gar nicht ernsthaft interessiert.

Es führt kein Weg an den Grundängsten als der Basis des Partnervertrages vorbei.

Wie entschlüsseln Sie Ihren Partnervertrag?

Wenn Sie Detektiv spielen wollen, müssen Sie sich an das erste Treffen mit Ihrem Partner erinnern.

Wie fühlten Sie sich damals? Wo und bei welcher Gelegenheit sahen Sie sich zum erstenmal? Was fiel Ihnen zuerst auf? Welchen Eindruck hatten Sie, was dachten Sie? Was schien Ihnen dieser Mensch durch sein Aussehen, sein Verhalten und sein Reden zu versprechen? Wie ging es Ihnen, als Sie mit ihm oder ihr sprachen, tanzten, flirteten?

Gerade im ersten Treffen „bauen" wir uns ein Bild vom anderen Menschen. Unsere unbewußten Ängste und Hoffnungen leiten unsere Wahrnehmung, und wir spüren das, indem uns „irgend etwas" magisch anzieht.

Doch da ist keine Magie im Spiel, sondern es geht um das, was psychodynamisch zulässig ist. Das Wesen Ihres Partners sagt dadurch unendlich viel über Sie selbst aus, über Ihre Hemmungen und Wünsche, aber auch über Ihre Versuche, diese Hemmungen zu überwinden.

Damals sprach Sie etwas an, das Ihre Psyche benötigte: Vielleicht Schutz und Stärke, oder Durchsetzungsfähigkeit, möglicherweise auch Zärtlichkeit oder Sexualität; die Hoffnung auf Anerkennung mag wichtig gewesen sein – kurzum es war eine mehr oder weniger unbewußte Faszination, die sich aus dem Bild des anderen Menschen ergab.

Erinnern Sie sich noch an Sigrid und Stefan? Mallorca – des Liebeskummers wegen. Sigrid sucht einen verständnisvollen und einfühlsamen Menschen, der nicht aggressiv ist. Genau diese Qualitäten glaubt sie bei Stefan zu finden. Aber Ihr Bild ist trügerisch.

Nur wenige Merkmale haben ausgereicht, um das Bild wie ein Puzzle zusammenzufügen. Das, was im Bild fehlte, ergänzte sie durch Hoffnungen und Vermutungen. Ihre unbewußten Wünsche leiteten sie.

Die Wahl eines Partners erfolgt eben nicht ausschließlich nach äußeren Merkmalen. Diese sind nur ein Anreiz, um sich überhaupt miteinander zu beschäftigen und um die psychischen Faktoren auszuloten.

Liebe spüren wir dann, wenn unsere Hemmungen und Ängste beruhigt sind, und wenn wir uns akzeptiert fühlen. Beides hängt voneinander ab. Der Partner soll keinesfalls die angstbesetzten Verhaltensweisen hervorlocken, und er soll die Abwehr der unerwünschten Anteile stabilisieren.

Die Kernfrage lautet dabei: Gefährlich oder ungefährlich? Ist jemand nach unserer Einschätzung ungefährlich, beschäftigen wir uns weiter mit ihm oder ihr.

Einige Beispiele für die partnerschaftsgestaltende Macht des ersten Treffens:

Sie erinnert sich an den ersten Augenblick: „Er wirkte so ruhig und selbstsicher. Mein Vater war ein nervöser Choleriker, der die Familie tyrannisierte, aber vor anderen Menschen nur kroch. Er reagierte sich dann bei uns zu Hause ab."

Der unbewußte Wunsch an den Partner lautet: Sei anders als mein Vater. Wenn du nicht so ruhig und selbstsicher bist, wie ich das erwarte, und wie du es ja auch versprichst, werde ich bitter enttäuscht sein und dich das spüren lassen.

Eine 36jährige Drogistin weiß noch: „Er wirkte viel reifer als die anderen Klassenkameraden unseres Abi-Jahrgangs. Das waren noch grüne Jungs. Er jedoch führte schon richtige, ernste Gespräche und laberte nicht nur dummes Zeug. Man konnte sich auf ihn verlassen. Das imponierte mir. Zudem war er groß und schlank, also genau mein Typ."

Ohne es bewußt zu registrieren, erwartet sie einen reifen und zuverlässigen Partner, einen treusorgenden Familienvater, der keine Dummheiten macht, und bei dem sie sich sicher fühlen kann.

Aber genau diese Erwartungen werden enttäuscht. Zwar ist er anfangs tatsächlich der verläßliche Partner und alles scheint in schönster Ordnung. Er arbeitet hart, sie ist stolz auf ihn.

Das ändert sich, als eine neue Kollegin auftaucht. Sie ist zwar nicht besonders hübsch, aber sie weiß das Leben zu nehmen. Sie gönnt sich etwas. Er ist von ihrem freien Lebensgefühl, in dem Genuß kein Fremdwort ist, fasziniert. Staunend wie ein kleiner Junge erlebt er durch ihr Beispiel, was das Leben alles bieten kann.

An diesem bewegten Leben möchte er teilhaben. Ein Verhältnis mit dieser Kollegin stürzt ihn in Höhen und nie geahnte Tiefen der Liebe. Seine Frau macht ihm Szenen – er fährt zum Autorennen, bis er ihr einen harten Vorwurf macht: „Du hast aus mir in vier Jahren einen alten Mann gemacht, innerlich tot und am Leben desinteressiert. Aber jetzt bin ich aufgewacht." Aber dieser Mann ist meilenweit von ihrem Ideal entfernt. Sie meint, sich nie wieder auf ihn verlassen zu können und reicht die Scheidung ein.

Kurze Zeit später trennt er sich von seiner Geliebten. Das neue Leben ist ihm zu aufregend und zu anstrengend geworden. Es ist eine Episode gewesen, ein Nachholen der verpaßten Pubertät. Er hat einen hohen Preis dafür gezahlt, genau wie sie.

Ein Mann, Ende Dreißig, sieht die erste Begegnung noch recht plastisch vor sich: „Sie ging zufällig vor mir über den Hof des

Krankenhauses und hatte so einen wiegenden Gang, ziemlich aufreizend, mit verführerischem Hüftschwung. Dazu trug sie noch einen Minirock, es waren ja die freien 68er Jahre. Das alles wirkte auffordernd und verführerisch. Ein flotter Typ, sagte ich mir, bestimmt hat sie Spaß am Sex.

Er verspricht sich etwas von ihr: Du solltest sexuell auffordernd und aktiv sein, mich verführen und mir damit ein Gefühl des Begehrtwerdens schenken. Wir werden dann viel Spaß zusammen haben.

In der Ehe eines 44jährigen Ingenieurs kriselt und kracht es. Sie, 34 Jahre alt, Hausfrau, etwas kleiner als er und jünger aussehend, blickt immer wieder zu ihm, dem größeren und kräftigen hoch. Man kann ahnen, wie gern sie sich bei ihm ankuschelt und geborgen fühlt. Aber Pustekuchen. Solche Augenblicke der trauten Zweisamkeit sind schon längst vorüber. Was ist passiert? Sie war 16, er 26, als sie sich kennenlernten. Er sah einen attraktiven und noch formbaren Menschen in ihr, sie erlebte zum erstenmal einen richtigen Mann.

Ihre Freunde hatten eine Fahrkarte für die Straßenbahn, er ein bequemes Auto. Statt zu Pommes lud er sie zum Italiener ein. Das war etwas anderes als die mehr oder weniger tolpatschigen Annäherungsversuche der Gleichaltrigen. Er verfügte über gute Manieren, die anderen hatten sexuelle Fummelwünsche. Kurzum, sie schwebte im siebten Himmel, war stolz und dankbar.

Natürlich wurde sie älter und erwachsener. Manches sah sie kritischer, sie entwickelte eigene Vorstellungen vom Zusammenleben und entdeckte eigene Wünsche. Selbst in der Kindererziehung widersprach sie ihm immer häufiger. Zuerst schalt er sie undankbar, dann beklagte er sich über ihr total übertriebenes emanzipatorisches Gehabe, mit dem sie die Beziehung auf's Spiel setze.

Schließlich wurde es ihm zu bunt. Revolution im eigenen Hause – das wäre ja noch schöner. Also versuchte er dem Spuk ein Ende zu machen: Werde wie du früher warst, oder ich verlasse dich! Das war eindeutig.

Und wie reagierte sie?

Sie bekam plötzlich kalte Füße. Voller Angst, sie könnte das

Leben ohne ihren Herrn und Meister doch nicht packen, versprach sie Besserung.

Natürlich hatte sie das Versprechen ohne Rücksicht auf ihre Entwicklung gemacht, denn sie konnte nicht mehr zu einem unwissenden Teenager werden. Einmal paßte sie sich an, ein anderes Mal legte sie sich quer, sie versuchte ihn zu überzeugen oder zog sich im Bett zurück.

Endlich fuhr sie gegen seinen Willen mit einer guten Freundin für drei Tage nach Rom. Ein harmloser Einkaufsbummel und Abrundung eines Sprachenkurses sollte es sein. Er brach fast zusammen. Der große und starke Mann wurde von purer Angst gebeutelt, sie zu verlieren.

In seinem Unterbewußtsein sagte er sich: Nur wenn ich sie richtig fest im Griff habe, dann ist sie mir wirklich sicher. Ich muß sie total besitzen. Das kann ich aber nur, wenn sie zu mir aufblickt und ich ihr Macher bin. Seine Angst vor dem Verlust der geliebten Partnerin läßt ihn das Falsche tun. Er klammert sich an sie, um sie zu verlieren. Die Trennung auf Raten ist programmiert, wenn er nicht endlich zu seiner Angst steht und sie aushält.

Allerdings, diese Ehe hat noch eine andere Seite. Ich bin nicht sicher, ob sie ihn auch als ängstlichen und dadurch vielleicht schwächer erscheinenden Partner wirklich akzeptieren würde. Als er sie mit der Trennungsabsicht erpreßte, machte sie ja einen Rückzieher. Ich vermute, sie möchte ihn stark und überlegen sehen, weil ihr gerade solch ein Partner die Sicherheit gibt, die sie in sich nicht spürt. So ist auch sie in ihrer Angst vor Unsicherheit gefangen.

Nicht zufällig habe ich das Beispiel mit dem verbissenen Machtkampf so ausführlich geschildert. Gut ein Drittel aller in gespannten Beziehungen lebenden Partner schlagen sich mit Dominanzproblemen herum. Dabei wird in erster Linie die erlittene Unterdrückung gesehen. Daß man selbst auch unterdrücken könnte, ist weit vom Bewußtsein entfernt.

Gerade die Macht-Problematik ist ganz eng mit der Angst verknüpft. Im Streben nach Überlegenheit versuchen wir, diese Angst vor Abhängigkeit zu kompensieren. Warum ist das so?

Weil wir alle einmal klein waren. Und klein heißt abhängig, ohnmächtig und ausgeliefert. Ignorierten Vater oder Mutter unsere Wünsche, waren wir die Dummen. Besser wurde es erst, als wir selbständiger wurden und mehr Einfluß hatten. Unabhängigkeit macht Spaß, Abhängigkeit macht Angst, die wir loswerden wollen. Durch Überlegenheit. Also durch Machtstreben. Männer haben in unserer Gesellschaft die besseren Möglichkeiten, ihre Angst vor Unterlegenheit zu kaschieren. Und sie nutzen diese Chancen. Eine Umfrage zeigt den Trend.

Die Idealfrau – ein immer wiederkehrendes Thema in Umfragen. Die Ergebnisse sind immer ziemlich ähnlich. Die Träume der deutschen Männer sind brav und bodenständig orientiert. Die Idealfrau ist beileibe keine Traumfrau, eher ist sie ein treues Heimchen am Herd. Sie mißt 1,70 Meter, hat blaue Augen, mittellanges und blondes Haar, ist treu und kinderlieb. Fast 70 Prozent der befragten Männer erwarten von der Idealen die klassische Unterordnung, und sie darf auch ruhig etwas altmodisch sein. Politisches Engagement ist unerwünscht, keinesfalls darf sie Spaß am Flirten mit anderen Männern haben. Herausfordern soll sie schon gar nicht.

Die Idealfrau wird dem durchschnittlichen Mann sicherlich nicht gefährlich werden können. Sein Bild von ihr ist stark von dem Wunsch nach Ungefährlichkeit und Entängstigung gezeichnet. Sie soll gut „handhabbar" sein. Für schlimme Stunden darf sie ruhig einen Schuß Mütterlichkeit ihr eigen nennen, aber auch hier gilt: Bitte mit Maßen!

Da hat sich seit den Tagen des Feldherrn Napoleon nicht viel geändert, heißt es doch in seiner Biographie (bei Vincent Cronin):

„Das erste, was er an einer Frau bemerkte, waren ihre Hände und Füße. Waren diese klein, konnte er sie anziehend finden – sonst nicht. Die zweite Eigenschaft, die er suchte, war Fraulichkeit. Eine Frau mußte hingebungsvoll und zärtlich sein und eine sanfte Stimme haben; sie mußte jemand sein, den er beschützen konnte. Und schließlich verlangte er Aufrichtigkeit und Gefühlstiefe."

Da ist sie wieder, jene Schwäche, die Männer scheinbar stark macht.

Das Anti-Angst-Bündnis

Die Zahl der Partnerverträge ist theoretisch unendlich groß. Doch ganz bestimmte Themen tauchen immer wieder auf.

Vielleicht erkennen Sie in den folgenden und von mir häufig beobachteten Verträgen gegen drohende Grundangst etwas von dem wieder, was Ihre Beziehung ausmacht.

Grundangst	Verhalten
Ich fürchte mich, verlassen zu werden:	Zeige mir, daß du mich liebst; gib mir Sicherheit, schau keinen anderen Menschen intensiv an, laß dich von mir beherrschen, bete mich an, kritisier mich nicht, ich brauche viel Anerkennung.
Ich fürchte mich, minderwertig zu sein:	Werte mich auf, gerade vor anderen, lobe mich. Ich möchte zu dir aufblicken, andere sollen mich um dich beneiden, sei ein strahlender Held oder eine attraktive Frau.
Ich habe Angst, zu abhängig von dir zu werden:	Ich muß dir immer wieder meine Unabhängigkeit demonstrieren: Ich brauche dich gar nicht. Manchmal werde ich sogar ein wenig sadistisch reagieren, um dich klein zu halten. Auf keinen Fall werde ich viel von mir preisgeben, damit du mich eben nicht „knacken" kannst. Versuche ja nicht, mir dennoch etwas Persönliches zu entlocken: Ich mache sofort „dicht".
Ich fürchte mich, etwas für mich zu fordern:	Lies mir bitte meine Wünsche von den Augen ab, damit ich nichts fordern muß. Tust du das nicht, so bin ich enttäuscht und zweifle an deiner Zuneigung.

Ich habe Angst, auf dich zuzugehen und mich zu öffnen:	Du mußt auf mich zugehen. Am besten ist es, wenn du wie in den Startlöchern auf mich wartest, damit ich dir das Startsignal für unsere begrenzte Nähe- und Offenheitsphase geben kann. Ich möchte das nämlich steuern, weil du mich sonst „verschlucken" oder verletzen könntest. Im übrigen bist du zuständig für Gefühle und Kindererziehung.
Ich fühle mich schwach und fürchte mich vor der Aggressivität. Ich habe Angst, mich zu wehren:	Ersetze doch meine Hemmungen durch deine Stärke und dosierte Aggressivität, die du aber niemals gegen mich richten darfst. Verteidige mich und kämpfe für mich. Aber wehe, du bist schwach!
Ich habe Angst, daß du zu mächtig wirst und mich unterdrückst:	Ich lauere wie ein Fuchs auf die kleinste Schwäche bei dir, um dich zu treffen und dich dadurch nicht zu groß werden zu lassen. In Gegenwart anderer werde ich dich kritisieren oder über deine Behandlung jammern. Vielleicht ziehe ich mich auch depressiv leidend, schmollend oder sexuell zurück, um dich zu treffen und zu verunsichern.

Natürlich sind diese Reaktionsweisen gegen drohende Angst selten bewußt, doch häufig sind sie die tiefere Ursache für sonst unerklärliche Machtkämpfe, Spannungen und tragische Mißverständnisse:
- Da die abgewehrte Angst kaum deutlich ist, gibt es keine „automatische" Besserung durch Abwarten.
- Die verborgene Angst blockiert weitere Entwicklung der Partner.

- Sie macht blind und empfindungslos für den Partner, weil sie das Einfühlungsvermögen hemmt.
- Das bremst die Anerkennung, gefährdet also einen stabilen Grund für Ehezufriedenheit.
- Man spricht kaum noch zusammen – die Entfremdung wächst.
- Ersatzweise herrschen Streit und Kampf. Ohne Krach hätte man gar keine Berührungspunkte mehr.

Der Prioritätentest

Aus den Anti-Angst-Bündnissen schälen sich vier Prioritäten der Partnerschaftsgestaltung heraus.

Ein Mensch gibt einer der vier folgenden Möglichkeiten Vorrang in seinem Leben, wodurch er die entgegengesetzte Strebung vermeiden möchte. Sie können mit Hilfe dieses kurzen Tests eine ungefähre Einordnung Ihrer Prioritäten erreichen.

Bevor ich Ihnen mehr erzähle, sollten Sie ein Schreibgerät zur Hand nehmen und bei jeder Frage in einer der drei Antwortkategorien (S. 60/61) ein Kreuz machen.

	stimmt		
	genau	in etwa	nicht

1. Ich habe Angst, bedeutungslos zu sein
2. Ich erlebe mich oft in einem Abstand von anderen Menschen.
3. Ich strenge mich an, damit ich von möglichst vielen akzeptiert werde.
4. Ich lasse mir gern helfen.
5. Mir ist es wichtig, aus der Masse herauszuragen.
6. Mit meinen Gefühlen bin ich eher zurückhaltend: Ich sage lieber, was ich denke und nicht, was ich fühle.
7. Ich frage mich öfter, ob die Leute mich wohl mögen.
8. Unruhe, Hast und Veränderungen belasten mich so, daß ich mich unwohl fühle.
9. Ich spüre in mir ein Streben nach „besser sein".
10. Ich glaube, ich kann mich nicht gut anvertrauen oder fallen lassen.
11. Ich glaube, die Angst abgelehnt zu werden, ist bei mir sehr stark.
12. Ich möchte oft in Ruhe gelassen werden.
13. Für meine Art zu leben bezahle ich den Preis, daß ich zu viel tun und zu viel Verantwortung tragen muß.
14. Es ist mir sehr wichtig, meiner Sache sicher zu sein.
15. Ich wage es selten, meine Meinung dann zu sagen, wenn sie von der anderer abweicht.
16. Ich stehe ungern unter Leistungsdruck.
17. Wichtig ist für mich nicht, ob eine Sache gut läuft, sondern ob die entscheidenden Anstöße von mir kamen.
18. Ich fürchte, daß meine spontanen Äußerungen später gegen mich verwendet werden können.
19. Ich kann nicht gut „nein" sagen.
20. Ruhe und Gemütlichkeit sind mir heilig.

	stimmt		
	genau	in etwa	nicht

21. Ich kann mir denken, daß sich manche Leute klein und verlegen fühlen, wenn sie sehen, was ich so aus meinem Leben gemacht habe.

22. Es liegt mir nicht, halb vorbereitet in eine Situation zu gehen.

23. Ich versuche festzustellen, was andere von mir erwarten, damit ich diese Erwartungen möglichst erfüllen kann.

24. Körperlichen Schmerzen gehe ich meistens aus dem Wege.

25. Ich glaube, ich kann gut mit Leuten umgehen, die mir unterlegen sind oder auch mit solchen, die ich als Autorität akzeptiere, aber Freundschaften kann ich auf Dauer schlecht halten.

26. Es ist mir wichtig, die Übersicht zu behalten.

27. Wenn ich den Erwartungen anderer zuwiderhandeln muß, fühle ich mich wie gelähmt.

28. Im Grunde ist mein tiefster Wunsch, ein bequemes Leben ohne Konflikte zu haben.

Werten Sie Ihren Test aus:

Für jedes Kreuz in der ersten Spalte (genau) geben Sie sich einen Punkte, für ein Kreuz in der zweiten (also mittleren) Spalte einen halben Punkt, die dritte Spalte zählt nicht.

Moment, es geht noch weiter mit der Auswertung:

Für die Strebung „Ü" zählen Sie Ihre Punkte bei den Fragen:

1 ___ 5 ___ 9 ___ 13 ___ 17 ___ 21 ___ 25 ___ = ___

Für die Strebung „K" zählen Sie zusammen bei:

2 ___ 6 ___ 10 ___ 14 ___ 18 ___ 22 ___ 25 ___ = ___

Für „G" gilt die Summe aus:

3 ___ 7 ___ 11 ___ 15 ___ 19 ___ 23 ___ 27 ___ = ___

Und für „B" addieren Sie:

4 ___ 8 ___ 12 ___ 16 ___ 20 ___ 24 ___ 28 ___ = ___

Tragen Sie diese vier Summen in folgende Tabelle ein:

Ü	K	G	B

Nun kommt des Rätsels Lösung. Unter welchem Buchstaben haben Sie die höchste Punktzahl stehen? Das ist Ihre Priorität oder Orientierung.

Ü steht dabei für den Wunsch nach Überlegenheit, wichtig sein, Verantwortung übernehmen und sich dabei auch zu viel zuzumuten. Vermieden werden sollen Bedeutungslosigkeit und Müßiggang, etwa nach der Lebensmaxime: Müßiggang ist aller Laster Anfang. Nur wer gut und besser ist, den mag man. Dafür ist ein Preis zu zahlen: Freundschaften leiden unter diesem Streben nach Überlegenheit, und Überlastung lauert.

B dagegen drückt die Strebung nach Bequemlichkeit aus. Geschätzt werden hier Gemütlichkeit, Ruhe. Kritische Situationen werden eher gemieden, unter Umständen regiert die Angst vor Verantwortung und vor Fehlern und Bestrafung.

G heißt Gefallenwollen. Jemand mit dieser Hauptpriorität lebt in der Annahme: „Ich habe nur einen Platz im Leben, wenn ich anderen gefallen kann. Das Allerschlimmste ist, wenn mich jemand ablehnt, und wenn ich mich nicht akzeptiert fühle." Konflikte sind solchen Menschen unheimlich, weil man ja abgelehnt werden könnte, wenn es kracht. Lieber wird die Faust in der Tasche geballt. Natürlich sind eigene Interessen so schlecht anzumelden.

K ist die Kontrollorientierung: Dieser Mensch möchte sich absichern, er benötigt Schutz und Sicherheit sowie Stabilität. Aber auch eine gewisse Eigenständigkeit – weil er mißtrauisch ist und sich erst in der Distanz zu anderen sicherer fühlt. Er fürchtet sich vor Unerwartetem und der Lächerlichkeit.

Als Preis zahlt man mit mangelnder Spontaneität und mit Abstand zu anderen.

Ein Beispiel:

Ü	K	G	B
6	3	7	3

Dieser Mensch möchte am meisten anderen gefallen (G = 7). Der zweithöchste Wert wird bei Ü erzielt. Halst er oder sie sich im Streben nach Bessersein zu viel auf? Fühlt der Mensch sich durch die Menge der wahrgenommenen Aufgaben oder dem Druck der Verantwortung überlastet? Hängt das Streben, zu gefallen, vielleicht mit dieser Überlastung zusammen? Zeigt er oder sie gerne wie gut man ist? Fällt es schwer, anderen Wünsche abzuschlagen?

Der B- und K-Wert sind geringer. Er oder sie sitzt wohl auch beim Nichtstun auf heißen Kohlen. Welche Erfahrungen mag dieser Mensch gemacht haben?

In der Partnerbeziehung wird diese Person vermutlich kaum Konflikte ansprechen (denn man möchte doch gefallen?), eigene Meinungen werden runtergeschluckt – und irgendwann droht die ganz große Explosion.

Sind Sie mit Ihrer Priorität zufrieden? Und mit dem gezahlten Preis auch? Oder?

(Quelle: Th. Schoenaker, Wertskala zur Messung der Priorität und ihrer Probleme, in: Sprache – Stimme – Gehör, Stuttgart 1984, 11–15).

Versprechen ohne Worte

Möglicherweise haben Sie Einwände gegen diese Theorie der Grundängste. Vielleicht denken Sie: Wenn man sich kennenlernt, dann ahnt man doch noch gar nichts von möglichen Ängsten, weil man viel zu wenig voneinander weiß. Erst in der Ehe scheint man schlauer zu sein – und dann ist es häufig zu spät.

Andererseits gilt: Beim ersten Treffen werden viele kleine und auf den ersten Blick unwichtige Signale registriert und zu einem Bild vom anderen Menschen strukturiert.

Hier ein Beispiel: Amerikanische Forscher wollten dem Geheimnis der Attraktivität auf die Spur kommen. Wodurch wirken manche Frauen auf manche Männer?

Vielleicht überrascht sie das Ergebnis: Der Gang der Frau macht's. Nein, nicht der so oft vermutete verführerische Hüftschwung, angeblich Hinweis für sexuelles Temperament, lockt, sondern der aufrechte Gang mit einem leicht zur Seite geneigten Kopf.

Wie kommt das?

Eine Frau mit dieser Körperhaltung verspricht dem Mann etwas, nämlich: Ich bin ungefährlich, vor mir brauchst du dich nicht in acht zu nehmen. Der sanft zur Seite geneigte Kopf als diskret angedeuteter Diener wirkt wie eine Unterwerfung, die zudem noch verspricht: Ich möchte mich anschmiegen und anlehnen, sei doch mein starker Held. Das freut sein Herz!

Potentielle Partner halten unbewußt nach solchen „Entängstigern" Ausschau, und viele körperliche Merkmale signalisieren ein Versprechen: Ich bin ungefährlich.

Charles Darwin, der Theoretiker der Auslese des Stärkeren, sah in der Liebeswahl vornehmlich eine instinktgesteuerte Zuchtwahl mit dem Ziel, immer besser angepaßte Organismen zu schaffen. Möglicherweise wäre das eine Weiterentwicklung, wenn es denn so wäre. Aber spielt das berauschende Thema „Zuchtwahl" wirklich eine immense Rolle?

Ich habe eher erlebt, daß es um Entängstigung geht, wobei ich mir sehr unsicher bin, ob das tatsächlich eine Weiterentwicklung im Sinne der Zuchtwahl darstellt.

Nach populärwissenschaftlicher Anschauung senden Menschen permanent sexuelle Locksignale aus. Und wer die lockendsten hat, der hat – nämlich die freie Auswahl unter Partnern.

Großer Busen gleich großer Auswahl? Na, so simpel ist es doch wohl nicht, denn nicht alle Männer schätzen den „Playboy" mit seinen Gespielinnen von den wuchtigen Maßen (94–61–89).

Schließlich ist ein Körper mehr als eine Ansammlung verführerischer Einzelteile für die Zuchtwahl.

Beispielsweise soll die Nase des Mannes auf die Größe (und damit wohl auf die zu erwartenden Genüsse) des männlichen Geschlechtsorgans hinweisen: Je größer die Nase des Mannes, desto größer sein Geschlechtsteil. Ein Trost für ästhetisch oder narzißtisch angehauchte Männer – mehr ist das nicht!

Selbst das Herz, das wir als Zeichen unserer ewigen Liebe und erwachender Triebe dereinst in die Baumrinde schnitten – es sagt angeblich sehr viel mehr. Es soll schlicht und einfach und ziemlich unprosaisch an einen Hintern erinnern. Jawohl. Wegen der tiefen Kluft in der oberen Mitte und der sich nach unten zuspitzenden Rundungen. Hätten Sie's gewußt?

Weiter lockt das breite und gute Gebärfähigkeit verratende Becken „schlaf mit mir und schwängere mich"! Nichts mit Pille! Der rot angemalte Mund mit kräftigen Lippen soll einladend und auffordernd an Schamlippen erinnern. An was auch sonst?

Der männliche Körper verspreche Stärke und Dominanz – dann ist er richtig: Ich beschütze dich, hab keine Angst.

Also kommen nur verführerische und lockende Menschen in die engere Zucht- – pardon: Partnerwahl? Hängt doch alles von den Proportionen ab?

Fragen Sie, liebe Leserin oder Leser, sich doch selbst einmal, welche Bedeutung solche äußerlichen Attraktivitätsmerkmale für sie haben. Kommen wirklich nur Superfrauen und Supermänner in die engere Wahl? Liebe, die durch den Körper geht?

„Liebe ist etwas Ernsteres und Bedeutungsvolleres als das Entzücken über die Linie eines Gesichts und die Farbe einer Wange; sie ist die Entscheidung für eine gewisse Ausprägung des Menschlichen, die sich symbolisch in den Einzelheiten des Gesichts, der Stimme, der Gebärde ankündigt", weiß der spanische Philosoph Ortega y Gasset. Er beobachtete, „daß die ästhetisch vollkommensten Frauen wenig von Männern geliebt werden."

Das Verlangen nach Nähe resultiert erst aus der erlebten Angstfreiheit, aus der gelassenen Ruhe des Angenommenseins. Besonders hübsche Menschen wirken dagegen eher angsterzeugend, fürchtet man doch um die konstante Anerkennung und Zuneigung, weil es so viele mögliche Rivalen gibt.

Noch ein paar Signalreize, die selten bewußt wahrgenommen werden: Weit geöffnete Augen wirken wachsam und beschützend. Ein nach unten gezogener Mund deutet auf Traurigkeit hin. Schnelles Blinzeln mit den Augen soll Angst und Unruhe ausdrücken. Große Pupillen verheißen Erregung, und fast alle Menschen fühlen sich durch dieses Merkmal angenehm angesprochen. Häufiges Anschauen verrät einen Kontaktwunsch, der Eindruck von Dominanz ergibt sich aus einem „hochmütigen" Ausdruck: Wenig lächeln, dafür aber mit deutlich erhobenem Kopf und lautem, kräftigem Tonfall sprechen.

Unterlegen erscheint ein nervöses und verkrampftes Lächeln bei gesenktem Kopf und sanfter Stimme.

Psychologen fanden heraus: Eine Gebärde oder Verhaltensweise sagt mehr als 1000 Worte! An Ihrem Ausdruck wird man Sie erkennen! Zu 55 Prozent wird der Eindruck durch mimische und köperliche Signale übermittelt!

Das Verhalten eines Menschen und sein nicht gesteuerter Ausdruck lösen bestimmte Empfindungen und sich daraus ergebende Reaktionen aus, die wir meistens nur unterschwellig wahrnehmen. Es entsteht ein subjektiver Eindruck, ein gefärbtes Bild von einem Menschen. Und manchmal sehen wir bevorzugt das, was wir auf Grund unserer aktuellen Befindlichkeit sehen wollen. So war es auch bei Corinna und Joachim ...

Der Mann von Corinna

Etwas abseits von den anderen Gästen steht Joachim in seinem Wohnzimmer. Verkrampft hält er sein Sektglas in der rechten Hand. Die linke ruht, zur Faust geballt, in seiner Hosentasche.

Unbewegt blickt der 36jährige zur Sitzgruppe neben dem Sekretär, wo drei Männer und eine Frau locker miteinander plaudern. Drei Männer und seine Frau.

Wenn Corinna lacht, wirft sie ihren Kopf ein wenig zur Seite und fährt sich anschließend mit einer Hand ordnend durch ihr langes blondes Haar. Das macht sie schon seit ich sie kenne, denkt Joachim. Seit acht Jahren schlägt sie sich mit dieser unschuldig mädchenhaften Geste das Haar zurück. Und immer noch wirkt es verführerisch und anmutig. Joachim kann sich dieser Wirkung nur schwer entziehen. Er bewundert es, und manchmal ärgert es ihn auch.

Er trinkt schnell noch einen Schluck Sekt und geht dann auf die Gruppe zu. Corinna bemerkt ihn und blickt lächelnd zu ihm auf.

„Schön, daß du da bist. Setz dich doch zu uns."

Unbeholfen bleibt er stehen, weil er keinen freien Platz sieht.

Corinna sprüht weiter ihren Witz.

„Natürlich können die heutigen Probleme nicht mehr von der Politik, sondern nur noch von der Wissenschaft gelöst werden, denn unsere Politiker geben doch nur noch Antworten auf Fragen, die gar nicht gestellt werden."

Die Runde lacht schallend.

Joachim kennt das. Jetzt läßt sie die Wirkung ihrer Worte wie Medizin wirken, und dann setzt sie noch eins drauf. So ist es meistens.

„Im alten China gab es einen Kaiser, der fragte seinen Ratgeber vor Jagdausflügen nach dem Wetter. Der Ratgeber wiederum beobachtete vorher seinen Esel. Legte das Tier seine Ohren zurück, lag Regen in der Luft. Als der Kaiser von dieser Klugheit seines Ratgebers erfuhr, machte er ihn zum Minister. Und seit dieser Zeit meint jeder Esel, er könne auch Minister werden."

Die Männer lachen prustend.

Plötzlich hat Joachim keine Lust mehr, mit Corinna zusammen zu sein. Abrupt wendet er sich ab. Gegen Corinna kommt er sowieso nicht an. Sie hat stets die Lacher auf ihrer Seite. Überhaupt findet er diese Gesellschaft stinklangweilig, Wichtigtuer ohne Tiefgang. Und seine Frau gibt ihnen auch noch Zucker!

Wie weit hat sich Corinna doch schon von ihm entfernt. Sieben Jahre sind sie verheiratet und was ist in dieser Zeit aus seiner schüchternen kleinen Conni geworden!

Joachim erinnert sich, wie er Corinna zum erstenmal bewußt wahrnahm. Es war bei einem der üblichen Klassentreffen nach dem Ende der Schulzeit.

Sie imponierte ihm in ihrer herausfordernden Zurückhaltung und wirkte erfreulicherweise nicht so entsetzlich überkandidelt wie viele ihrer Klassenkameradinnen, die mit ihren Italienurlauben und den Karrieren ihrer Freunde protzten. Aber damals hatte er nicht genügend Mut, sie anzusprechen.

Kurze Zeit später traf er sie auf der Party eines Freundes wieder. Irgendetwas zog ihn wie magisch an.

Irgendetwas? Was könnte das gewesen sein?

Joachim erinnert sich noch gut an die Szene. Corinna saß auf dem Sofa zwischen der Mitte und dem Rand. Was Joachim aber nicht bewußt war, ist die Körpersprache von Corinna, die durch diese Position etwas ausdrückt, nämlich: Ich suche zwar Gesellschaft, aber nicht zu viel. Unbewußt interpretiert er es als schüchterne Aufforderung zur Eroberung.

Ab und an streichelt Corinna während der Unterhaltung mit ihm den Stoff des Sofas: Ich fühle mich einsam und bin ein zärtlicher Streichelmensch. Ihre Schultern sind hochgezogen und signalisieren ihre Anspannung. Zwischendurch hebt sie ein paarmal wie schützend ihre Hände vor ihre Brust.

Joachim, ein wenig aufgeregt, spricht viel, und sie schaut ihn unverwandt an. Joachim wertet es als Interesse an seiner Person, und es gefällt ihm. Er fühlt sich wohl, ohne das begründen zu können, denn sein Wohlbehagen ist die Summe vieler kleiner Signale.

Bei einer sanften Musik schlägt Corinna die Beine übereinander und drückt damit aus: So leicht bin ich nicht zu haben, ich mache unter Umständen erst einmal „dicht". Auch das gefällt ihm. Es erscheint ihm wie ein Versprechen, das ganz besondere Bedeutung für ihn hat, ohne daß er das jetzt schon ahnt. Er fühlt sich nur auf wunderbare Weise „irgendwie" beruhigt. Also lehnt er sich entspannt zurück und verschränkt die Arme hinter dem Kopf. Es sieht aus, als habe er Flügel. Dadurch wirkt er noch größer, noch stabiler, noch ruhiger und sicherer. So erscheint es jedenfalls Corinna. Er erscheint ihr dadurch als Idealtyp, als Erfüllung ihres mehr oder weniger unbewußten Wunsches, sich vertrauensvoll und in Sicherheit wiegend ankuscheln zu können.

Er ist stark und dennoch zärtlich und einfühlsam, vermutet sie. Er wird mich verstehen. Wird er das wirklich?

Aber sie ist sich nicht sicher, ob sie überhaupt bei Joachim „ankommt". Deshalb hält sie sich vorsichtshalber noch ein wenig zurück.

Hinter dieser abwartenden Haltung spürt Joachim Treue und Zuverlässigkeit, denn Corinna signalisiert ihm: „Ich bin nicht so leicht zu kriegen."

Diese unbewußt empfangene Botschaft bekommt erst so richtig Gewicht, wenn Joachims vorangegangene Beziehung ins Spiel kommt.

Monika, seine frühere Flamme, war verführerisch – und wußte um ihre Wirkung. Joachim erlebte es, weil sie ihn ab und an betrog und schließlich die Verbindung zu ihm löste.

Joachim war schockiert und verunsichert. War er nicht liebenswert? fragte er sich.

Corinna ist so etwas wie eine beruhigende Antwort. Sie ist zuverlässig, sagt er sich, sie wird mich nicht lächerlich machen. Sie wird mich lieben.

Liebe auf den ersten oder zweiten Blick ist im Grunde nur stillschweigende Übereinkunft gegenseitiger Wünsche.

Natürlich ist sie keine Garantie für Dauerhaftigkeit, was

auch Joachim erkennt, denn ein paar Jahre später schon gebraucht er ein chinesisches Sprichwort, um seine Frau zu charakterisieren: „Ihr Mund ist Honig, ihr Herz ein Schwert."

Denn viel passiert.

Aber schauen wir erstmal, wie es weitergeht.

Der berühmte Funke springt zwischen Joachim und Corinna mit der Energie eines Blitzes über. Sympathie und gegenseitige Bestätigung wirken wie eine anregende Droge, deren Wirkung sich für die beiden in einem stürmischen sexuellen Kontakt auslebt.

Bei ihrer Heirat trägt Corinna ein schneeweißes Spitzenkleid mit langer Schleppe. Ihre Wangen glänzen und sind von der Aufregung an diesem schönsten Tag im Leben einer Frau gerötet.

Joachim streicht immer wieder nervös an seinem neuen schwarzen Anzug herunter und fährt sich mit der Zunge über seine ausgetrockneten Lippen.

Schließlich heiratet man ja auch nicht alle Tage, und den Blick in die Zukunft wagt Corinna, als sie ihren Joachim über den Rand des erhobenen Sektglases anlächelt und meint: „So, jetzt beginnt der Ernst des Zusammenlebens."

Und er beginnt.

Joachim will etwas für seine Familie schaffen. Er stürzt sich in seine Arbeit, denn mit 35 Jahren muß man es geschafft haben, weiß er. Corinna unterbricht ihr Studium, als ihr kleiner Sohn Michael geboren wird.

Die Fotos im Familienalbum mit der Aufschrift „Unser kleines Glück" zeigen strahlende Gesichter und einen süßen Fratz.

Allerdings ist nun auch die klassische Rollenverteilung festgelegt, ohne daß beide darüber groß gesprochen haben. In den ersten Ehejahren wirkt die junge Sexualität noch wie ein vertrauenserweckender Klebstoff in ihrer Verbindung und beseitigt störende Gegensätze und kleine Enttäuschungen. Doch allmählich wird ihre kleine Insel des Glücks vom stürmischen Meer des alltäglichen Lebens überspült. Corinna spürt als erste ihre zunehmende Unzufriedenheit. Joachim ist längst nicht mehr so zärtlich, wie sie es sich wünscht. Der Beruf fordert ihn, abends ist er häufig fix und fertig und will nur noch seine Ruhe haben. Corinna gönnt ihm seine Entspannung – aber nur Entspannung, das ist ihr doch zu wenig. Die Hausarbeit füllt sie längst nicht mehr aus, und sie hat zu wenig Schwung, um ihr Studium fortzusetzen.

Erst ist sie enttäuscht, dann verzweifelt und schließlich verärgert. Immer seltener spürt sie Lust zum sexuellen Miteinander, und eines Nachts schleudert sie ihm wütend entgegen: „Ich bin für dich ja doch bloß noch eine Befriedigungsmaschine!"

Die eheliche Großwetterlage verschlechtert sich zusehends. Joachim fühlt sich durch Corinnas Ansprüche eingeengt. „Wenn man sich liebt, dann muß man doch nicht dauernd herumturteln", meint er. Und am Wochenende oder abends könne sie von ihm aus ruhig alleine etwas unternehmen, er enge sie nicht ein.

Sie fühlt sich unverstanden, abgespeist mit einem scheinbar großzügigen Angebot, das für sie aber nur Ausdruck reinsten Egoismus ist. Wozu sie denn verheiratet sei? „Nicht mal allein kann ich einsamer sein als bei dir", weint sie.

Joachim reagiert gelassen mit der Zuversicht eines Menschen, der sich keines Fehlers bewußt ist. Er soll ein Egoist sein? Für wen rackert er sich denn ab? Damit es seiner Familie gutgeht, jawohl, nur dafür. Aber seine Frau habe ja kein Verständnis. Statt dankbar zu sein, werfe sie ihm mit ihren Forderungen Knüppel zwischen die Beine. Wie in einem Krieg möchten beide keinen Fußbreit ihres Territoriums hergeben. Also folgen die nächsten Argumente als Salven im Krieg der Enttäuschten.

Corinna beklagt seine Distanz zu ihm. Er igele sich ein, baue eine Mauer um sich herum, lasse sie nicht an sich heran. Sie erfahre kaum mal etwas Persönliches von ihm. Er brauche sie wohl gar nicht.

Joachim kontert: „Du forderst immer etwas von mir, so als ginge es darum, irgendeine Zahlung einzuklagen. Wer gibt dir das Recht dazu? Du setzt mich unter Druck und erwartest dann die größte Aufgeschlossenheit von mir. Du willst einen anderen Mann aus mir machen. Druck – das ist das Kennzeichen unserer Beziehung geworden. Von dir kommt nur noch Kritik. Ich vermisse einfach das Verständnis bei dir. Ich spüre nicht, daß du mich noch magst. Vielleicht, wenn wir mal wieder zusammen schlafen würden."

„Und wenn ich mir dir reden möchte, dann vertröstest du mich: Heute bin ich zu kaputt, ich habe anderes im Kopf, laß mich bloß mal in Ruhe. Aber im Bett soll es dann toll sein. Kritisieren darf ich dich nicht, Ansprüche soll ich auch nicht stellen – aber wie soll man da miteinander offen reden?"

„Fängst du schon wieder an zu problematisieren und mir alles in die Schuhe zu schieben?" Wütend steht Joachim auf.

„Ich mache noch einen Spaziergang. Hier ist mir die Luft zu geladen."

Beide spüren die Krise, aber beide sind wie gelähmt. Ab und an machen sie ihrem Herzen Luft, doch es hagelt dann nur Vorwürfe und Anklagen. Sie kommen nicht wirklich weiter, nur weiter auseinander.

Wenn sich der Mensch an unserer Seite nicht so verhält, wie wir das möchten, dann sind wir enttäuscht und schließlich verärgert. Wir machen dem anderen bittere Vorwürfe, als wäre er absichtlich so gemein zu uns. Gerade diese Verärgerung läßt uns innerlich immer härter werden. Unmerklich folgen abwartender Trotz und die innere Emigration, manchmal auch der nervige Streit um belanglose Kleinigkeiten, die aber gute Munition im Ehekampf darstellen.

Im Ärger kann man sich nicht mehr in seinen Partner einfühlen. Die Kommunikation bricht zusammen, man redet nur noch das Notwendigste, bevor sich jeder wieder in sein Schneckenhaus zurückzieht.

Jetzt, da die Spannungen offenkundig sind, mag sich keiner mehr offenbaren und seine Ängste preisgeben. Wenn der Krieg erst tobt, muß man stark und unverletzbar sein. So wird aus dem Leiden ein Beleidigen, aus dem Getroffensein ein Treffenwollen, und Haß frißt sich wie Salzsäure in das Zusammenleben, bis beide einen solchen Grad von Verachtung füreinander spüren, daß sie keine Zukunft mehr für möglich halten.

Corinna und Joachim leiden. Aber sie leiden nicht an sich und ihrem eigenem Verhalten, sondern am anderen, an dessen ach so offenkundigen und schlimmen Verhaltensweisen. Jeder erwartet vom anderen die Veränderung und Befreiung vom

Leiden, jeder beschäftigt sich mit dem anderen und nicht mit sich selbst.

Wie ist es zu dieser tragischen Abkühlung ihrer so heiß lodernden Liebe gekommen?

Schon beim ersten Kennenlernen tasten die Menschen ihre Erwartungen ab: Bist du so, wie ich dich brauche? Scheint eine Übereinstimmung gegeben, schließen sie ohne es zu bemerken einen stillschweigenden Partnervertrag miteinander, in dem die Verpflichtungen des Partners einen enormen Raum einnehmen: Du sollst so und so für mich sein, dann liebe ich dich. Wenn du dich veränderst, wird sich natürlich auch meine Liebe verändern, und ich werde alles versuchen, von dir die Einhaltung unseres Vertrages zu erlangen.

Hauptinhalt dieses Vertrages ist die Forderung nach Akzeptanz der individuellen Angstbereiche, beispielsweise: Weil ich meine Minderwertigkeitsgefühle fürchte, mußt du mich bewundern.

Sei zärtlich und rücksichtsvoll zu mir, weil ich Angst davor habe, nicht attraktiv und liebenswert zu sein. Befreie mich von meinen autoritären Eltern, weil ich mich vor dem Kampf mit ihnen fürchte.

Du darfst mich nicht einengen, weil ich Angst vor Abhängigkeit und zu viel Nähe habe.

Laß mich mit dir kämpfen, damit immer ein wenig Spannung und Distanz zwischen uns ist, sonst spüre ich das Schreckgespenst der Abhängigkeit.

Gib mir das Gefühl, ein toller Liebhaber zu sein, weil ich mich gerade im Sexuellen unsicher fühle.

Allerdings sind den allermeisten Menschen ihre Ängste und die sich aus der Abwehr dieser Befürchtungen ergebenden Erwartungen kaum bekannt. Dennoch sind sie bei der Partnerwahl aktiv.

Das Unterbewußtsein nimmt zuerst die körperlichen Signale des Gegenübers auf, interpretiert sie und vergleicht sie mit den Erwartungen.

So war es auch bei Joachim und Corinna.

Während der Party registriert er ihre herausfordernde Zurückhaltung, Gesten abwartender Schüchternheit, gepaart mit einem Schuß Versprechen und Herausforderung.

Nach seiner Enttäuschung mit der allzu flotten Monika ist diese abwartende Haltung für den verunsicherten Joachim natürlich besonders wichtig. Monika hatte ihn betrogen und gedemütigt – Corinna wirkt abwartend und zuverlässig, sogar ein wenig schüchtern, aber in ihrem Streicheln des Sofastoffes vermutet er doch Zärtlichkeit: Ich bin nicht so leicht zu kriegen, aber wenn du dich bemühst, versüße ich dir deine Eroberung.

Sie erscheint ihm bescheiden, vielleicht ein bißchen unsicher, und Joachim sagt sich, ohne daß es ihm bewußt wird: Solch eine Frau wird mich kaum mit Forderungen attackieren. Auch das hat Bedeutung für ihn, weil er eine resolute Mutter hat, die nur zu gut und viel zu häufig wußte, was gut für ihn sein sollte.

Corinna war damals tatsächlich verunsichert, weil sie sich zu keinem Beruf entschließen konnte. Diese Unentschlossenheit wurde von ihren Eltern moniert und nagte an ihrem Selbstbewußtsein. Klein und ein wenig unbedeutsam fühlte sie sich inmitten ihrer „aufstrebenden" Klassengemeinschaft mit den festen Zielen und den eroberten Partnern. Da war es wie eine Erlösung und ungeheure Bestätigung, daß Joachim Gefallen an ihr fand. Mit seiner Körpergröße von 1,84 Metern strahlt er automatisch Kraft und Stärke aus – genau das, was Corinna in jener Zeit braucht. Lange Menschen werden automatisch als besonders durchsetzungsfähig, energisch und selbstbewußt angesehen, weshalb beispielsweise in politischen Wahlkämpfen mit ziemlicher Regelmäßigkeit der längere Kandidat gewinnt.

Durch die hinter seinem Kopf verschränkten Arme „vergrößert" sich Joachim noch. All das läuft ohne bewußte Kontrolle ab, und es wird vom Gegenüber ebenso unbewußt aufgenommen und interpretiert als Kraft und Stärke. Weil Joachims Selbstwertgefühl durch die Trennung von Monika noch arg angeknackst ist, tritt er glücklicherweise nicht mit den negativen Begleiterscheinungen der Stärke, nämlich Autorität und egoistisches Fordern, auf, sondern ganz im Gegenteil behutsam und vorsichtig, eher tastend. Corinna nimmt es als Verständnis und Sensibilität – und fühlt sich wohl.

Er gibt ihr das, wonach sie sich gerade zu dieser Zeit so sehnt.

Die Folgen ihres gegenseitigen Tastens: Beide finden beim Partner das, was sie suchen und dem Partnervertrag steht nichts mehr im Wege.

Viele zum Abkommen führende Signale werden nur unbewußt aufgenommen und entsprechend den gemachten früheren Erfahrungen individuell interpretiert.

Natürlich sind dabei zahlreiche Mißverständnisse und Fehler möglich – die Basis für spätere Spannungen.

Beispielsweise hätte ein anderer Mann Corinnas Zurückhaltung als lähmende Gehemmtheit erleben können, und eine andere Frau hätte vielleicht in Joachims hinter dem Kopf verschränkten Armen ein lächerliches Aufplustern gesehen. Aber die Menschen nehmen das wahr, was sie wahrnehmen wollen, nämlich das, was ihre Grundängste nicht aktiviert. Joachim fürchtet sich vor Forderungen und sucht viel anerkennende Zärtlichkeit und Verständnis, weil er selbst nicht so liebevoll sein kann. Wahrscheinlich wirkt sich dabei der Einfluß seiner etwas harten und tonangebenden Mutter aus. Da Joachims Vater früh verstarb, wollte sie wohl eine Verwöhnung des einzigen Kindes vermeiden. Der Junge erlebte sich schon früh als unterlegen. Im Kampf um gegenseitige Interessen kam er gegen sie nicht an und resignierte. Noch heute geht er lieber spazieren, als sich auf eine unsichere Auseinandersetzung einzulassen. Eine eher mächtige Frau flößt ihm Unbehagen ein, während Corinna ihm wohltuend, also angstreduzierend, erscheint. Sie erlebt bei ihm die ihr fehlende Kraft. Allerdings übersieht sie dabei, daß Joachim diese Vitalität nur dann aufbringt, wenn er sich ungehindert entfalten und überlegen fühlen kann. Tatsächlich ist er keine kraftstrotzende deutsche Eiche – als Corinna mit dem Besuch im Wohnzimmer plaudert, ist er nur eine Randfigur, die die Faust protestierend in der Tasche ballen kann. Für Joachim ist die Welt geordnet. Beruf, Fortkommen, Kind, Frau zu Hause, Schutz vor der bösen Welt in den eigenen vier Wänden. Zuerst erlebt seine Frau das als hilfreiche Orientierung, und sie paßt sie an. Als sie diese Fixierung aber auch als Begrenzung erleidet und etwas verändern möchte, ist Joachim gar nicht mehr voller Verständnis, und die Enttäuschung ist da.

Sie fordert jetzt von ihm – er denkt unbewußt sofort an seine

Mutter und deren Ansprüche, und die Angst vor hilfloser Abhängigkeit kriecht in ihm empor. Er hat nur eine Reaktion parat: Dichtmachen und sich entziehen. Natürlich reizt er damit Corinna über alle Maßen, aber das merkt er nicht. Vielleicht kann er es nie verstehen. Ungeschickt versucht er die sexuelle Intimität einzuklagen, ohne zu ahnen, daß sie das Ergebnis einer angstfreien und angenehm erlebten Beziehung ist. Doch für ihn ist der Sex wesentlich als Bestätigung seiner Männlichkeit. Da er sich viel zu wenig am verstorbenen Vater orientieren konnte, lebt er in der Angst, möglicherweise nicht so männlich zu sein, wie er es gern sein möchte. Corinnas Rückzug im Bett ist für ihn deshalb ein Angriff, ein Angriff gegen sein Mannsein, gegen ihn, und vor lauter Gekränktsein erkennt er nicht mehr Corinnas Not.

Sein Rückzug und Dichtmachen treibt Corinna geradezu in die Offensive, wenn sie nicht ewig in der Enttäuschung verharren will. Wenn Joachim nicht mitmachen will, probiert sie es eben alleine!

So nimmt sie nach Michaels Einschulung eine Halbtagstätigkeit als Sekretärin bei der Zeitungsredaktion an. Joachim registriert es zähneknirschend, doch sie „kommt an", wird um ihre Meinung gefragt, spürt begehrende Blicke, lebt auf.

Er reagiert mit Magenbeschwerden und Stichen in der Herzgegend. Der Arzt findet nichts. Doch Joachim leidet, ohne es sich tatsächlich einzugestehen. So muß sein Körper den Schmerz ausdrücken.

Manchmal tut er ihr leid – aber wenn er es nicht anders haben will ...

„Viele Dinge, die mich berührt und beschäftigt haben, und die ich mit ihm besprechen wollte, die hat er einfach vom Tisch gewischt als dummes Zeug. Manchmal hat er überhaupt nicht reagiert. Da bin ich natürlich auf andere Menschen zugegangen. In der Redaktion gab es genügend interessante Gesprächspartner."

Corinnas Unsicherheit war für Joachim wichtig, denn sie ließ ihn stark und sicher erscheinen. Durch ihre relative Kleinheit sah er seine Größe. In der Rolle des Beschützers ging es ihm gut, weil er seine eigene Unsicherheit kaschierte. Doch nun ist diese Rolle nicht mehr gefragt, und in Joachim bekommt seine alte Angst neue Nahrung: Vielleicht bin ich gar nicht so toll und so männlich, wie ich sein möchte.

Jetzt wäre es höchste Zeit, über die Ängste und Hoffnungen zu sprechen, also offen zu sein und sich nicht länger etwas vorzumachen. Aber gerade das passiert nun nicht. Joachim versucht durch demonstratives Gekränktsein seiner Corinna ein schlechtes Gewissen zu machen und sie wieder für sich zu interessieren. Es gelingt ihm nicht. Es bleibt alles in einer belastenden Schwebe.

Wege aus der Krise

Wenn Corinna und Joachim aus diesem Schwebezustand hinaus wollen, müssen sie sich der Krise stellen. Das sagt sich leicht, aber es bedeutet einiges, nämlich erstens: Sie können nun nicht mehr so weitermachen wie bisher, denn das hat sie ja nur immer tiefer in die enttäuschende Lage gebracht, und zweitens: Zu ihrem Problem gehören nicht nur die Enttäuschungen und Verletzungen, sondern dazu zählt auch die Art und Weise, wie sie ihre Schwierigkeiten angehen. In vielen Partnerschaftskonflikten ist im Laufe der Zeit die versuchte Lösung das eigentliche Problem geworden, weil die Beteiligten nur einen ganz bestimmten Lösungsweg gegangen sind, der allerdings untauglich ist.

Corinna und Joachim haben sich aus diesen Gründen zu einer gemeinsamen Therapie entschlossen. Vorangegangen waren etliche fruchtlose Diskussionen, nach denen Corinna schließlich eine Trennung oder eine Eheberatung vorschlug. Das war für Joachim das Alarmsignal. Um erstmal Schlimmeres abzuwenden, willigte er widerstrebend und skeptisch in eine Partnerberatung ein, und mit dieser vorsichtigen Fühlungnahme befindet er sich in Gesellschaft vieler Männer, wenn sie sich auf eine therapeutische Besprechung einlassen.

Männer sind es ja gewohnt, ihre Probleme allein und aktiv selbst in die Hand zu nehmen. Fast unvorstellbar erscheint es dem „starken" Geschlecht, sich Hilflosigkeit einzugestehen und sich dann auch noch einem fremden Menschen anzuvertrauen. Für viele Männer heißt das: Nur wenn es gar nicht anders geht, wird man einen Außenstehenden zu Rate ziehen.

Als hätte Corinna das geahnt, setzt sie ihren Mann unter Druck, ja, sie erpreßt ihn sogar mit der Alternative „Trennung oder Therapie". Aber es gibt eben Situationen, in denen ist solch eine Entschlossenheit wichtig und richtig, weil sich sonst nichts tun würde.

In dem Wunsch nach einer gemeinsamen Besprechung ihrer Probleme kommt schon zum Ausdruck, daß beide etwas zur Lösung ihrer Krise tun wollen. Beide haben ja auch die Schwierigkeiten verursacht, und es gibt bei Partnerkonflikten so gut wie nie einen Alleinschuldigen.

Diese gemeinsame Verantwortung ist wichtig, und sie ist die Voraussetzung für Änderungen. Es ist dabei gar nicht mehr auszumachen, wer zuerst lieblos oder bösartig gehandelt hat, und die beliebte Suche nach dem schuldigen Ehemonster kostet Zeit und Nerven, ohne etwas Produktives für Sie zu bewirken. Akzeptieren Sie Ihre Mitwirkung am Teufelskreis?

Moment, nicht so schnell. Meinen Sie es jetzt auch wirklich so? Sie haben tatsächlich mitgewirkt an der miesen und spannungsreichen Lage, in der Sie stecken?

Wirklich?

Sollten Sie dieses Buch mehr aus prophylaktischer Neugier lesen, weil Sie um die prinzipielle Gefährdung von Ehe und Familie wissen, sollten Sie sich ebenfalls kritisch fragen, ob Sie im Teufelskreis ein von beiden Zusammenlebenden verursachtes Problem sehen können. Die Betonung liegt wieder auf „beiden".

Nur wenn Sie sich an Ihre eigene Nase fassen wollen, und nur dann, können Ihnen die folgenden Überlegungen und Anregungen Hilfestellung bieten.

Nicht alle Menschen können und müssen sich nämlich auf eine Therapie einlassen, um frischen Wind in ihr erstarrtes Zusammenleben zu bringen. Damit Sie mich nicht mißverstehen: Abwarten und auf eine Änderung zu hoffen, halte ich für töricht und absolut unangemessen. Wenn sich etwas ändern soll, dann müssen Sie, jawohl gerade Sie, etwas tun. Von nichts kommt nichts! Aber da es nicht genügend Therapeuten und

Beratungsstellen gibt, werden Sie sich möglicherweise selbst helfen müssen.

Vielleicht haben Sie auch Lust dazu, Ihre an sich ganz gute Verbindung gut zu erhalten, damit aus kleineren Schwelbränden kein gefährlicher „Ehebrand" wird. Und verkehrt wird es sicherlich nicht sein, wenn Sie sich mit so etwas Wichtigem wie Ihrem Partnerbündnis beschäftigen.

Kurzum: Was für Corinna und Joachim gilt, können Sie auf Ihre persönliche Situation übertragen. Ich beschreibe zwar nicht alle therapeutischen Schritte, aber hilfreiche Prinzipien möchte ich Ihnen vorstellen.

Klimaverbesserung

1. Gemeinsame Verantwortug: Corinna und Joachim bestätigen sich mit einem Handschlag, die Probleme gemeinsam verursacht zu haben. Sie sind jeweils für sich bereit, etwas zu verändern.

2. Eheskulptur: Corinna beginnt mit einer Darstellung der von ihr erlebten Situation. Dabei spielt ein Partner Bildhauer und „modelliert" den anderen als Skulptur, also stellt, legt oder setzt den Partner so, wie er ihn erlebt und bringt sich selbst anschließend in die Position, in der er (oder sie) sich sieht. Dann wechselt die Rolle des „Bildhauers". Jeder stellt also aus seinem Erleben die Beziehung dar.

Manchmal fotografiere ich die beiden Skulpturen, um sie anschließend mit den Partnern zu besprechen.

Versuchen Sie es auch einmal!

Hilfreich sind folgende Fragen: Wie habe ich mich in der Darstellung gefühlt? War es beschwerlich für mich? Was war schön oder angenehm an dem Bild? Wie passen unsere beiden Skulpturen zusammen, was ist gleich, worin unterscheiden sie sich?

Corinna stellt Joachim in eine Ecke des Zimmers und sich selbst in die entgegengesetzte Richtung. Seine Arme hängen schlaff herunter, sein Kopf ist ein wenig zur Seite weggedreht, sein Körper leicht gebeugt, denn, so Corinnas Erklärung dazu, „ihm geht es bestimmt nicht sehr gut, Joachim leidet."

Sie selbst streckt die Arme zu ihm hin und stellt einen Fuß wie beim Laufen weit vor: „Ich möchte ihn ja erreichen und ihn berühren, aber er ist doch abgewandt." So erlebt sie es, und niemand weiß, ob es wirklich so ist. Aber das ist auch nicht entscheidend, denn Partner beziehen ihre Gefühle aus ihrer subjektiven Wahrnehmung und nicht aus objektivierbaren Tatsachen. Joachim stellt sie mit erhobenen Fäusten und gestrecktem Körper mitten in den Raum. Er kriecht wieder in eine Ecke, geht ein wenig in die Knie und hebt eine Hand abwehrend und schützend zugleich vor seinen Oberkörper. Sein Kommentar: „Du bist so mächtig und so angriffslustig, daß ich mich vor dir in acht nehmen muß. Außerdem bin ich mittlerweile ziemlich klein neben dir."

Corinna fühlt sich in ihrer Darstellung, also auf ihn wartend, „wie verhungert" und unsicher („ich fürchte die Abweisung von ihm"). In den anderen „Bildern" geht es ihnen nicht gut: Sie sind traurig und leidend und fühlen sich unverstanden („Ich bin gar nicht gefährlich", „ich wende mich nicht echt ab"). Joachim ist über seine „Eckenposition" erschrocken: „Ich bin doch gar kein ängstlicher Typ".

„Gibt's eine Möglichkeit für sie, aus der Ecke rauszukommen?" Ich möchte ihn mit dieser Frage aktivieren, für sich zu sorgen. „Nee, nicht wenn sie so stark ist." Joachim schüttelt den Kopf. Ich beharre: „Ist sie wirklich so stark? Erinnern Sie sich an die Skulptur. Wie hat Corinna gestanden?"

Joachim weiß es nicht mehr. Die ausgestreckten Arme hat er gar nicht registriert. Vielleicht paßten sie nicht in sein zementiertes Vorurteil. Häufig ist es ja so, daß wir ein festes Bild vom anderen haben, an dem wir nicht rütteln, weil ein Vorurteil natürlich auch einen Gewinn mit sich bringt: Man muß sich selbst nicht auf etwas Neues einstellen und sich womöglich ändern. Und man ist nicht genötigt etwas zu tun, was man eigentlich tief drinnen fürchtet. Für Joachim heißt das: Ich brauche nicht auf sie zuzugehen.

Corinna braust auf: „Ha, das ist typisch für dich. Du nimmst mich überhaupt nicht richtig wahr. Du bist immer nur eine Abwehr, ein Eingeigelter."

Ich frage Joachim, was er aus Corinnas Worten heraushört.

„Ja, das ist eine ausladende Einladung. Sie verunsichert

mich." Ich bitte Joachim, sich mehr Sicherheit zu verschaffen und nicht alles einfach hinzunehmen. „Klären sie, ob es eine Ausladung oder eine Einladung ist."

Joachim fragt seine Frau. Ergebnis: Beide möchten mehr Nähe. Das Ziel dieser Skulptur ist die Umwandlung von vorwurfsvollem oder passivem Leiden in konstruktive Aktivität in Richtung gemeinsamer Wünsche.

Besonders interessant wird diese Darstellung, wenn Sie zu Hause Ihre Kinder als Baumeister agieren lassen. Kinder bekommen mit ihren sensiblen Antennen unendlich viele und unausgesprochene Feinheiten Ihrer Beziehung mit.

Paaren mit der Frage „sollen wir uns angesichts unserer Streitereien nicht im Interesse der Kinder besser trennen?" empfehle ich, die Skulptur vom Nachwuchs bauen zu lassen. So wird fernab jeder intellektuellen Erwägungen plastisch deutlich, was und wie die Kinder erleben.

3. Ihr Ehevertrag: Wenn ein gemeinsamer Wunsch nicht zur Erfüllung kommt, wird er durch irgend etwas blockiert. Meistens hat sich eine Enttäuschung eingeschlichen. Also ist es wichtig, die ursprünglichen Erwartungen zu erforschen.

Wie ich im Beispiel von Corinna und Joachim beschrieben habe, testen Menschen sich beim ersten Kennenlernen, ob sie sich „gebrauchen" können.

Also: „Erinnern Sie sich an Ihr erstes Treffen, als Sie sich zum ersten Mal sahen. Stellen Sie sich die Situation wie einen Film vor.

Wo war es? Was haben Sie zuerst gesehen? Was dachten Sie zuerst? Was gefiel Ihnen nicht so, was zog Sie dennoch an? Was fühlten Sie ganz spontan, was etwas später?"

Mit der aktuellen Analyse des Vertrages geht es weiter: „Was ist heute noch so, was ist heute anders? Wann hat es sich verändert? Mußte es zwangsläufig so kommen? Hätten Sie etwas anders machen können, als sich Ihr Vertrag veränderte? Was vielleicht? Gab es etwas, das Sie blockierte?"

„Was war für Sie damals wichtig bei Ihrem Partner? Und was ist heute wichtig?"

Vergleichen Sie einmal Joachims Erwartungen und die von ihm gestaltete Skulptur. Fällt es Ihnen auf?

Statt schüchterner Herausforderung damals eine bedrohliche Corinna heute, statt einer zärtlichen eine fordernde, statt seiner Vermutung, sie werde wohl keine Forderungen an ihn stellen, eine fordernde Frau. Ja, das ist fast eine neue Corinna.

Auch von seiner nicht fordernden Stärke, seinem Verständnis und der vermuteten Sensibilität ist für Corinna wenig geblieben. In der Ecke und abgewendet von ihr ist er gelandet.

Aber bevor Sie es vergessen: Wie sieht es denn mit Ihrem Partnervertrag aus?

Was fiel Ihnen zuerst am Partner auf? Wie wirkte sie / er auf Sie? Was dachten Sie zuerst über den anderen? Was vermutete Ihr Partner wohl über Sie?

Haben Sie einander gesagt, was Sie voneinander erwarten? Kennen Sie die Vorstellungen Ihres Partners?

4. Was wissen wir voneinander?

Glauben Sie ernsthaft, sich die gegenseitigen Erwartungen gesagt zu haben? Den meisten Menschen fällt es leichter zu sagen was sie *nicht* wollen, als das mitzuteilen, *was* sie möchten. Besonders Männer neigen zum Weghören, wenn Frauen nur vage ihre Nähewünsche anmelden, weil sie sich unter Art und Umfang dieser Wünsche nichts Rechtes vorstellen. Da erscheint dann die Frau fast „fressend", und ihr Wunsch wird bedrohlich. Also müssen Wünsche und Erwartungen so konkret wie möglich beschrieben werden.

Zurück zu unserem Paar.

Joachim fällt es schwer, seine Wünsche über die Lippen zu bringen. Zuerst verfällt er noch in das bekannte Muster des indirekten Wunsches: „Ich wünsche mir weniger Druck von dir." Doch was meint er mit „weniger Druck"?

Er präzisiert: „Ich möchte von dir akzeptiert werden, so, wie ich nun mal bin, und daß du nicht dauernd an mir herumkritisierst."

Er hat im zweiten Teil seiner Äußerung noch einmal einen indirekten „Schlenker" gemacht. Deshalb bitte ich ihn um eine neue und positive Formulierung.

„Mehr Anerkennung. Ich muß doch auch noch gute Seiten haben." Plötzlich wird er unwillig. Diese Anerkennung wünscht er sich ohne Anmeldung und Aufforderung von ihr, sie soll ein inneres Bedürfnis seiner Frau sein: „Jetzt wird sie es nur tun, weil ich es möchte."

Richtig, und das ist auch so in Ordnung. Bisher floß die Anerkennung nicht aus der Tiefe der Seele, weil Corinna diesen Wunsch zu wenig beachtete. Jeder muß im Zusammenleben für solche Bedingungen sorgen, die für ihn oder sie wohltuend sind. Das kommt eben weder automatisch noch als dringender Herzenswunsch aus dem anderen, sondern bedarf der Offenheit. Trügerisch ist die Annahme, der andere Mensch müßte mir als Zeichen seiner Liebe meine Wünsche von der Seele ablesen. Besser ist es, etwas für die Erfüllung meines Wunsches zu tun.

Anerkennung von außen bedarf erstmal der Anerkennung durch mich. Das heißt: Was finde ich gut an mir?

Joachim sieht es so: „Ich sorge für euch, bin ruhig und nicht aufbrausend, zuverlässig, helfe gern, lasse dir viele Freiheiten, kümmere mich auch um die Kindererziehung, begehre dich, mäkele wenig."

Kann Corinna ihm diesen Zucker geben?

„Schon – bis auf die Freiheiten, die nur bedingt. Das wirkt auch abweisend und gleichgültig."

In Ordnung. Man sollte nichts tun, was einem arg gegen den Strich geht, dennoch gibt es bei allen Spannungen immer noch Bereiche, in denen Partner sich schätzen. Und gerade diese Bereiche können gestärkt werden und zur Klimaverbesserung dienen.

Beschäftigen wir uns mit Corinnas Vorstellungen: „Mehr Gemeinsamkeiten, konkret: Im Sommer abends eine Radtour mit dir machen, mit dir ausgehen. In letzter Zeit gibt es wieder gute Filme im Kino. Laß uns zweimal im Monat Kintopp gucken. Sport mit dir zusammen. Du kannst deinem Jogging treu bleiben, aber wie wär's mit gemeinsamen Tennis oder Badminton? Ganz wichtig ist für mich, respektiert zu werden, wenn ich keine Lust auf Sex habe. Bedräng mich nicht, laß mir Zeit. Ich schätze, dann komme ich schon von alleine. Wenn du immer auf der Lauer liegst, krieg ich keine Lust."

Joachim ist sich unsicher, ob er sich sexuell zurückhalten kann. Aber was hindert ihn, es ernsthaft zu versuchen? In diesem Stadium droht Gefahr: Was wird aus den Wünschen? Deshalb: „Wer fängt wann mit was an?"

In zwei Tagen wollen beide noch einmal über gemeinsame sportliche Aktivitäten sprechen, Corinna wird sich bis dahin beim örtlichen Sportverein nach Möglichkeiten erkundigt haben. Ab morgen wird abends geradelt. Donnerstag legen sie fest, welcher Film sie interessiert.

5. Verlagerung: Wenn Sie die Wünsche des anderen kennen, spüren Sie vielleicht eher die persönlichen Schmerzgrenzen. Versetzen Sie sich dazu in die Lage des Partners.

Worüber ärgert er oder sie sich leicht? Wer sich ärgert, leidet an der Ursache der Verstimmung. Gibt es da einen bestimmten sensiblen Bereich, wo der Mensch an Ihrer Seite leicht zu treffen ist?

Was macht dem anderen die gegenwärtige Situation wohl aus? Was vermuten Sie?

Was wäre schön für Ihren Partner, womit könnten Sie ihm einen Gefallen tun?

Was hindert Sie, diesen Gefallen zu tun?

Corinna vermutet folgendes: „Du leidest, weil ich selten mit dir schlafe, weil ich dich weniger beachte als früher, weil ich mit dir reden will, weil ich andere Götter neben dir kenne." Joachim: „Du leidest, weil wir zu wenig miteinander machen, weil ich deiner Meinung nach nicht zärtlich bin, du leidest an deinem abgebrochenen Studium, und weil ich nun mal viel zu tun habe und nicht immer für dich da sein kann."

Corinna vermutet, Joachim würde sich besser fühlen, wenn sie ihn mehr beachten würde.

Er überlegt, ob er ihr das Eheleben mit mehr Zeit für die Familie versüßen möchte.

Hilfreich ist auch die Frage an sich selbst: „Was mögen andere Menschen nicht an mir?"

Vielleicht verfügen Sie über Eigenschaften oder Verhaltensweisen, die für andere eher einen spröden Charme bedeuten. Das ist nicht weiter tragisch, sofern Sie sich das eingestehen und nicht schamhaft zu verbergen versuchen. Wo es Schatten gibt, da ist auch viel Licht!

Wenn Sie sich diese Schattenseiten nicht preisgeben möchten, dann spielt Angst zwischen Ihnen eine Rolle. Vermutlich erleben Sie Ihre Ecken und Kanten als Makel oder fürchten, der andere könnte sie als Munition im Ehekrieg verwenden.

Da gibt es zwei Möglichkeiten: Entweder Sie machen so weiter wie bisher (aber war dieser Weg bisher besonders erfolgreich?) oder Sie beenden das Katze- und Maus-Spiel und probieren mehr Offenheit aus.

Ach ja, mir fällt noch ein anderer Grund ein, falls Sie nicht wissen, was andere an Ihnen nicht mögen. Haben Sie sich schon so weit angepaßt, daß es keine Schattenseiten mehr bei Ihnen gibt? Fühlen Sie sich in dieser Haut wohl?

Bisher ging es vielleicht eher um relativ äußere Belange und noch nicht so richtig in die Tiefe. Sicherlich, doch die äußeren Arrangements und das Mitteilen von Wünschen und Tabuzonen bringt erst jene Klimaverbesserung, in der zunehmende Offenheit wachsen kann.

6. Die persönlichen Angstbereiche. „Stellen Sie sich das Wohnzimmer Ihrer Eltern in Ihren Kindertagen vor. Es spielt keine Rolle, wie alt Sie sind. Schauen Sie sich in diesem Zimmer ruhig um. Wo stehen die Sessel, Schränke, welcher Teppich liegt wo, wie sehen die Wände aus? Wo sitzen Vater und Mutter? Gehen Sie in Ihrer Vorstellung in diesem Raum umher, nehmen Sie dann Ihren Stammplatz dort ein.

Sie blicken auf eine Wand, vielleicht ist es die über dem Sofa. Stellen Sie sich vor, dort etwas zu sehen. Zuerst ganz undeutlich, wird ein Schriftzug auf der Wand immer schärfer. Jetzt erkennen Sie ihn ganz deutlich. Es steht dort ein Spruch, eine typische Spruchweisheit. Was lesen Sie?"

Unternehmen Sie ruhig jetzt diese Phantasiereise.

Erkennen Sie den Spruch im Wohnzimmer Ihrer Eltern?

Corinna liest: „Ich bin klein, mein Herz ist rein."

Joachim entziffert: „Müßiggang ist aller Laster Anfang."

Diese imaginierten Spruchweisheiten fallen einem nicht zufällig ein. Nein, vielmehr verraten Sie dem Seher etwas über die in der Kindheit erworbene und unterschwellig immer noch leitende Lebensorientierung.

Joachim ist über seinen Spruch bestürzt: „Das klingt verdammt ernst und riecht förmlich nach dem Schweiß von Mühsal und Plackerei" (er meinte auch, mit 35 Jahren müßte er es geschafft haben). Er sieht sein schweres Leben vor sich. Plötzlich fällt es ihm wie Schuppen aus dem Panzer: „Und Corinna will ausgehen, etwas genießen, Spaß haben. Das scheint absolut nicht meine Welt zu sein. Sie genießt die Party, kann locker sein, und für mich ist das Streß und Anspannung."

Ja, sie schätzt einfach mal einen kleinen Plausch mit ihm – und für Joachim ist das unproduktiver Müßiggang. So erlebt er seine Frau als bedrohlich, weil sie tatsächlich unbewußt seine Welt, seine feste Orientierung, umstürzen will.

Wie sieht es für Corinna aus?

„Ein saublöder Spruch, absolut kindisch. Ich stelle mir ein kleines, naives Kindchen vor, schüchtern und unbedarft, abhängig von einem großen Pappi, der mit erhobenem Zeigefinger daneben steht."

Und so hat Joachim sie auf der Party damals gesehen. Er spürte intuitiv neben ihrem Wunsch nach Stütze und Halt auch die unbedarfte Schüchternheit und Kleinheit, durch die er sich groß und anerkannt fühlte.

Das Kind in Corinna möchte spielen und genießen, und tut es auch. Aber ihr Mann spielt nicht mit – das Kind ist dadurch einsam. Aber in Corinna ist noch eine andere Seite: Tatsächlich ist sie „gewachsen", also innerlich gereift und viel unabhängiger vom großen Pappi geworden. Doch diese Entwicklung wird von Joachim nicht freudig begrüßt, sondern attackiert, was ihr unterschwellig ein schlechtes Gewissen macht: Ich sollte doch ein nettes, braves Kind sein, lieb und bescheiden, dann mochte man mich. Und wenn ich eine eigene Meinung habe und mich nicht so anpasse, reagiert mein Mann verstimmt. Sollte ich doch besser klein und rein bleiben? Ich fürchte mich, verstoßen zu werden.

Nun ist sie da, die Angst vor einem Verhalten, das man doch mit aller Macht vermeiden wollte. Da droht in dieser Ehe tatsächlich eine Lähmung der individuellen Entwicklung.

Die gewachsene Entwicklung aus Jahrzehnten kann nicht mit einigen Gesprächen verändert werden. Hier gibt es keine Hilfe mit einem Ratschlag, sondern nur vorsichtiges und sicherlich auch mühsames Vorwärtshangeln in neue auszuprobierende Verhaltensweisen. Das setzt Gespräche zum Austausch und zum Verstehen voraus, und letztlich ist das ein nicht endender Dialog mit nicht endender Annäherung.

Corinna und Joachim entdecken sich jetzt erst. Sie tasten sich ab und versuchen sich realistischer wahrzunehmen und anzunehmen. Bisher hatte sie ein verschwommenes und durch persönliche Wünsche gezeichnetes Bild voneinander. Jetzt wird es zu einer Art Fotografie, einer Momentaufnahme, die immer wieder neu gemacht werden muß, weil sich Menschen immer wieder ändern. Bisher versuchten sie Ansprüchen aus der Kindheit und der Beziehung zu genügen und waren krampfhaft bemüht, das, was sie als positive Seiten an sich sahen, dem anderen zu verkaufen. Im Beratungsgespräch geht es nicht um die große Änderung, sondern um die große Annäherung, um ein Zulassen bisher verpönter und gefürchteter Seiten der Partner. Das braucht ein Klima des Vertrauens. Joachim und Corinna haben es mittlerweile erreicht. Es ist nicht mehr so bedeutungsvoll, wie ihr werdendes Arrangement zum Thema Zusammenleben aussieht, weil es sich doch nach einiger Zeit wieder ändern wird. Viel wichtiger ist es, das Vertrauensklima herzustellen, um miteinander etwas zu bewegen.

Deshalb verlassen wir jetzt unser Paar, wohl wissend, daß nicht alle Zusammenlebenden ihr Heil in der Entwicklung suchen, sondern lieber die Flucht antreten.

Trennung – Hoffnung oder Ende?

Der weise Sokrates wurde einmal von einem Freund gefragt, ob er heiraten solle oder nicht. Der Philosoph besann sich nicht lange: „Oh, Freund, es bleibt sich gleich, ob du dich für das eine oder das andere entscheidest, in zehn Jahren bereust du es!"

So ganz Unrecht scheint der Grieche nicht zu haben. Daß es mit der Liebe nicht nur leicht ist, war für die großen Dichter und Denker immer wieder Anlaß für dramatische Werke. Etwa zwei Drittel der Weltliteratur sind nur dem einen Thema gewidmet: Liebe mit all ihren Hoffnungen und Enttäuschungen, Schmerzen und Glückseligkeiten.

In gut jeder dritten deutschen Ehe platzen die auf die große Liebe ausgestellten Versprechen wie Luftballons in einem Kaktusfeld. Es macht „peng", und dann ist es aus. Außer Anwaltsspesen nicht viel mehr gewesen.

Halt, da bleibt doch noch etwas: Schmerz und Schuldgefühl und ein gebrochenes Selbstwerterleben, weil man, ob nun mehr Opfer oder mehr Täter, eine selbstgestellte Aufgabe nicht geschafft hat.

Seit 1960 (damals etwa 14 Prozent) hat sich die Scheidungsquote mehr als verdoppelt. Viel zu schnell laufen Paare heute auseinander, kritisieren die einen, während andere, in der Mehrzahl Betroffene, das Gegenteil konstatieren: Viel zu lange haben sie auf Veränderungen gehofft, und was lange gärte, wurde schließlich nur Enttäuschung und Wut.

Man trennt sich, weil die persönlichen Erwartungen nicht erfüllt wurden – aber waren die Erwartungen denn realistisch? Man trennt sich, weil man den „falschen" Partner erwischt hat. Erst nach der Hochzeit zeigte er oder sie das wahre Gesicht.

Und man heiratet wieder, in der unsicheren Hoffnung, dieses Mal werde alles anders und natürlich besser werden.

Woher diese Hoffnung?

Man glaubt, den „Richtigen" oder die „Richtige" getroffen zu haben.

„Ehe – das ist wie eine Lotterie. Manchmal klappt's und manchmal geht's eben daneben", meint Dirk, 29 Jahre alt, seit einem Jahr geschieden. „Man muß eben warten, bis die Richtige kommt."

Der österreichische Humorist Hugo Wiener sieht es durch eine rabenschwarze Brille: „Man sagt, die Ehe ist wie ein Lotto. Das stimmt nicht. Beim Lotto gibt es immer einige wenige, die Glück haben."

Die meisten Menschen wissen nicht genau, was zum Scheitern ihrer Beziehung geführt hat. Aber wie wollen sie dann in einer neuen Verbindung etwas besser machen?

Sicherlich, es gibt ein paar Gründe, die vielleicht auch einleuchtend sind, aber die ganze Wahrheit ist das nicht. Beleuchten wir mal einen scheinbar plausiblen Grund für Trennungen etwas genauer.

„Ralph hat mich zweimal betrogen. Beide Male habe ich ihm verziehen, aber in unserer Ehe war dennoch etwas zerbrochen. Wir haben es nicht mehr in den Griff gekriegt."

Scheidungsgrund hier, wie so häufig: Die außereheliche Beziehung.

Aber dieser scheinbar klare Grund verschweigt mehr als er verrät. Warum ist der 43jährige Ralph untreu geworden? Die Suche nach dem neuen sexuellen Kitzel ist nur selten der tatsächliche Auslöser. Verschiedene andere Ursachen sind möglich:

Vielleicht benötigte der Mann die außereheliche Frau, um sein Bedürfnis nach mehr Abstand in der Ehe auszudrücken. Diese Furcht vor zu starker Verschmelzung ist ein häufiges Motiv für das Fremdgehen bei solchen Männern, die eine sehr enge Bindung an ihre Mutter hatten und deutlich spürten, daß die Zurückweisung dieser Verbundenheit Mutter wehtun würde. Schon das Kind befürchtete das Eintreten für die eigenen Interessen. Auch in der Ehe bleibt diese Furcht, und nur über den Umweg und die indirekte Sprache des Fremdgehens drückt der Mann aus: Ich brauche mehr Freiraum – aber ich trau mich nicht, diesen Wunsch bei mir bewußt werden zu lassen.

So pendelt er. Wird es ihm bei der einen Frau zu eng und zu dicht, flüchtet er zur anderen und von ihr aus wieder zur ersten. Die Dreiecksbeziehung erscheint dem Mann als das Mittel der Wahl, um sich vor der drohenden Gefahr des Vereinnahmtwerdens vom Ehepartner zu schützen.

Ein anderes Motiv für die außereheliche Beziehung hängt eng mit der Machtproblematik zusammen.

Es könnte sein, daß der Mann unter der Dominanz seiner Frau mehr leidet, als er sich eingestehen mag. Irgendwann einmal hat er erzählt, daß eine neue Kollegin ihn aufreizend angelächelt hat und damit bemerkte er eine feine Unruhe oder deutlich geäußerte Besorgnis seiner Frau. Aha, weiß er nun, mit einer anderen Frau kannst du deinen „Hausdrachen" verunsichern und besser in den Griff kriegen. Das registriert er gar nicht so bewußt, aber es beeinflußt sein Wünschen doch ganz erheblich. Der Partner kann nämlich beherrscht werden, wenn er Verlassenheitsängste bekommt. Andererseits kann man sich mit solch einer Dreiecksbeziehung auch ziemlich elegant dem Herrschafts- und Besitzanspruch des „Regierenden" entziehen: Wenn's mir nicht paßt, geh ich zum anderen Partner. Und das gilt für Männer und Frauen.

Noch ein Motiv: Man braucht den angetrauten Menschen als Projektionsfläche. Gerade wenn man nicht gelernt hat, auch zu seinen weniger angenehmen Wesensmerkmalen zu stehen, möchte man die nicht angenommenen Eigenschaften gern los sein. Ein Partner bietet sich da als rettender Ausweg an. Er oder sie wird zur Projektionsfläche, zum Abbild all des Negativen bei mir.

Nun erlebe ich mich beispielsweise nicht als launisch, sondern dich; nicht ich bin leicht gereizt, sondern du bist es; ich hätte schon Lust zum Sex, aber du gibst dir zu wenig Mühe. Ich bin entlastet, denn nun sehe ich diese schlimmen Eigenschaften ja bei dir. Die Ehe wird also wichtig, um sich mit Hilfe der Projektionen befreien zu können.

Das sind die Bündnisse, in denen fortwährend beim anderen schlimme Fehler kritisiert werden.

Doch nun passiert doch etwas Fatales: Eigentlich möchte man es ja mit einem liebenswerten, tollen Partner zu tun haben. Genau den sucht und findet man dann in einer Nebenbeziehung, die frei ist von den negativen Projektionen der Ehe und deshalb ganz schnell idealisiert wird: Hier das Gute, dort das Böse. Wird nun der schlimme Ehepartner verlassen? Nein, meistens nicht. Und das hat einen einfachen Grund: Man braucht ihn oder sie als Projektionsfläche, als Entlastungsfunktion. Natürlich wird diese Rolle nicht bewußt erlebt, sondern hinter scheinbar edlen Motiven versteckt. Die Kinder oder das schöne Haus oder gesellschaftliche Rücksichtnahme werden zum „Ehekitt" erklärt, für den man sich unter Umständen sogar noch aufopfert. Der Partner in der Nebenbeziehung muß das verstehen – und er versucht es auch. Das sind häufig Verbindungen, die halbe Ewigkeiten dauern, und in denen sich der oder die Dritte ausgenutzt fühlt. Immer wieder hört er oder sie glühende Liebesschwüre, doch an der Ehe rütteln Projizierende nur in Ausnahmefällen. Sie brauchen beide Partner, weil sie sich vor der Konfrontation mit ihren nicht akzeptierten Seiten fürchten. Vertrackt wird es für den Menschen, der seinen Partner nach dem Vorbild seiner Mutter oder seines Vaters gewählt hat. Hier sind sexuelle Probleme fast immer an der Tagesordnung, weil der oder die Angetraute doch so sehr dem Elternteil ähnelt, daß es zu einer Hingabehemmung kommt, denn schließlich schläft man weder mit seinem Vater noch mit seiner Mutter. Da helfen keine roten Strapse oder raffinierte Dessous noch potenzsteigernde Mittel. Das Unbewußte verbietet den sexuellen Genuß – aber eben nur bei dem Ähnlichkeitspartner. Fast zwangsläufig wird ein Dritter zum Ausleben der Intimität gesucht. Mit ihm oder ihr ist es dann toll und himmlisch aufregend, und in der Ehe herrscht gähnende Abendstimmung. Dennoch hält man an der offiziellen Verbindung fest, denn schließlich gibt es eine tiefe innere Bindung an den betreffenden Elternteil, die sich inzwischen auf den Ehegefährten verlagert hat.

Vielleicht ist bei einer derartigen Konstellation eine Trennung noch am ehesten zur Lösung der Probleme geeignet, wenn die tieferen Ursachen des Fremdgehens bewußt werden und die Elternfixierung auflösbar wird. Ansonsten freuen sich

auch hier nur die Scheidungsanwälte, weil mit sehr großer
Wahrscheinlichkeit wieder ein Elternersatz gesucht und gefunden wird. Und dann beginnen die Schwierigkeiten von vorn.

Neuer Partner in altem Spiel

Mit der Skizzierung möglicher Fremdgehmotive möchte ich
zeigen, daß selbst die außereheliche Verbindung unterschiedliche und vielfältige Beweggründe hat, denen allerdings eins gemeinsam ist: Sie sind nicht mit Vernunft und gutem Willen in
den Griff zu kriegen, weil sie Folgen innerer Widersprüche
und Konflikte sind, deren Lösung nicht beim Betroffenen
selbst gesucht, sondern in einer Nebenbeziehung ausagiert
wird. Die sexuelle Lust leistet lediglich Schrittmacherdienste
für die Art und Weise der Konfliktlösung.

Die neue Beziehung fällt also nicht wie ein Grippevirus über
den Verheirateten her. Da spielt vieles mit. Die Trennung ist
selten die Lösung des Problems, obwohl sie erstmal den unmittelbaren Schmerz oder das schlechte Gewissen beruhigt. Vielleicht tut es auch gut, sich durch die Trennung für erlittenen
Schmerz zu rächen. Aber dann?

Innere Hemmungen, Ängste und Wünsche treiben wieder
einem neuen Partnervertrag zu. Man sucht sich wieder, was
das Unbewußte braucht. Neuer Partner – neues Spiel. Doch
Vorsicht: Häufig sind die alten „Spielregeln" sehr langlebig!

Das hat auch der 32jährige Schriftsetzer Oliver erfahren:
„Bei uns war sexuell einfach die Luft raus. Alles war einem
vertraut, ewig die gleiche Hausmannskost. Und in der Stadt
gab's überall verführerische Mädchen und Frauen, da lockten
die großen Abenteuer. Franziska und ich haben sehr früh geheiratet, und ich hatte keine anderen intimen Erfahrungen. Da
hab ich es eben mal mit 'ner anderen probiert und es war toll.
Ich habe mich nach vier Ehejahren getrennt. Dann begann ein
ziemlich wildes Leben mit einem absolut überraschenden Ergebnis: Am Anfang war es sexuell berauschend, aber nach kurzer Zeit war alles wie gehabt. Ich hab erkannt, daß das nicht an
den Frauen liegt, sondern an mir und meinen Erwartungen.
Jahrelang hatte ich mir ausgemalt, welche Orgien noch auf

mich warten, und was ich alles versäumte. Mangels echter Erfahrung sind die Phantasien mit mir durchgegangen. Ich hab mich mit Franziska noch einmal getroffen, inzwischen sozusagen geläutert. Ich konnte mich an keine andere Frau binden. Also wir haben wieder geheiratet. Voller Sehnsucht bin ich zurückgekommen."

Zurückkommen – das tun rund drei Prozent aller Geschiedenen. Sie haben erkannt, daß der Wechsel der Menschen nicht unbedingt auch die Probleme löst, die man selbst in die Gemeinsamkeit mit einbringt. Und fast jedes zehnte geschiedene Paar lebt nach einiger Zeit doch wieder miteinander.

Denn auch bei den „Gebrannten" steht der Trauring ungebrochen hoch im Kurs. Nur ist man heute nicht bereit, ein unbefriedigendes Bündnis um jeden Preis fortzusetzen. Das ist ein eindeutiges Votum für die Ehe: Sie bedeutet so viel, daß man keine Kompromisse auf Dauer akzeptiert, sondern eine „bessere" Bindung sucht und meistens nur eine andere findet.

Die gerade geschilderten Verhaltensweisen eines Aktiven sind nicht ohne Mitmachen eines scheinbar Passiven möglich. Man benötigt einen entsprechenden Menschen, mit dem man seine Ausweichspiele spielen kann. Es ist das ewige Schlüssel-Schloß-Prinzip, ohne das kein Partnervertrag funktioniert.

Die Erfahrungen einer gescheiterten Bindung machen nicht automatisch die nächste Bindung besser und glücklicher, und die alte Volksweisheit, wonach man aus Schaden wenigstens klug wird, gilt leider nicht in der Partnerschaft, weil hier die eigenen ungünstigen Erlebens- und Verhaltensweisen zu wenig und nur zu undeutlich gesehen werden. So bleibt es meistens bei den guten Vorsätzen, die bis in die neue Kennenlernphase reichen, aber dann wie der Schnee im Sommer abhanden kommen.

Jeder bleibt in seiner Haut, und die ist manchmal verdammt eng. Eine zweite Ehe macht sie nicht unbedingt weiter.

Viele Wiederverheiratete bestreiten das energisch. Und natürlich gibt es Ehen, die keine Entwicklungsmöglichkeiten mehr bieten, und es gibt Ehegefährten, die solch massive Charaktermängel oder psychische Schwierigkeiten haben, daß eine Gemeinschaft zur Hölle werden kann.

Ich will nicht gegen die Trennung polemisieren, wohl aber

vor unbegründeter Euphorie in einer neuen Beziehung warnen, und Sie ermuntern, erst einmal die Chancen Ihrer Ehe tatsächlich auszuloten.

Ich glaube, die zweite Ehe wird positiver gesehen als sie tatsächlich ist. Und das hat gute Gründe: Die Partner stehen unter einem gewissen Erfolgsdruck. Klappt der zweite Anlauf nämlich nicht, so muß es wohl an einem selbst liegen. Es fällt dann wesentlich schwerer, den anderen als alleinigen Problemverursacher zu brandmarken. So wird man großzügiger und findet sich mit manchem ab, was früher heftige Kämpfe hervorgerufen hätte. Den Schmerz der Trennung will man nicht noch einmal erleiden. Die „dickere Haut" soll schützen. Sie tut es auch.

Die Beteiligten haben längst nicht mehr so hohe Erwartungen. Im Gegenteil. Sie wissen, daß nicht alles Glück aus dem Zusammenleben kommt, und daß man mit gewissen Problemen eben leben muß. Schwierigkeiten gab es zwar schon in der vorangegangenen Ehe, aber da hielt man sie noch für ein trauriges Zeichen des Nicht-zusammen-Passens und der falschen Partnerwahl und nicht für etwas Normales, Unvermeidbares.

Die Partner stehen drittens unter einem Rechtfertigungsdruck. Sie trennten sich, weil ihre Verbindung nicht gut war und brachen vielleicht mit dem neuen Partner aus der Ehe aus. Wenn nun das neue Bündnis auch nicht klappt, dann war wohl die Trennung gar nicht notwendig. Man hat ja nichts Positives gewonnen, aber mit Leid und auch den Tränen der Kinder teuer, viel zu teuer, gezahlt. Mit dem Glauben an die zweite Bindung soll auch die Scheidung gerechtfertigt werden.

Der Zweitehe kommt der mit zunehmendem Alter wachsende Reifungs- und Stabilisierungsprozeß entgegen. Mann und Frau müssen sich nicht mühsam und mit Schuldgefühlen aus ihren Herkunftsfamilien lösen und erste Erfahrungen im Zusammenleben sammeln. Sie sind schon „Profis", die meistens die hektische und unsichere Aufbauphase mit ihren finanziellen Belastungen hinter sich haben. Vor allen Dingen die Männer sind jetzt meistens beruflich etablierter und können sich mehr um die Familie kümmern.

Auf der Erschwernisseite stehen andererseits die Probleme mit den Kindern aus der ersten Beziehung. Stieffamilien sind besondere Familien mit ganz speziellen Problemen. Der neue „Vater" oder die neue „Mutti" ist für das Kind kein Ersatz, allenfalls zusätzlich da. Argwohn und Ablehnung durch das Kind müssen angenommen werden, Vertrauen und Zuwendung sind nur langsam und mit Rückschlägen aufzubauen. Das nervt manchmal und läßt verzweifeln. Schafft man es dennoch, ist das Zuammengehörigkeitsgefühl umso größer und der ziemlich hart erarbeitete Erfolg macht die Beziehung wertvoller, denn wir schätzen nun einmal ganz besonders das, was uns nicht leicht in den Schoß gefallen ist.

Probleme gibt es auch in der zweiten Bindung zuhauf, doch die Beteiligten gehen nicht mehr so fordernd und so hitzig damit um. Sie wissen inzwischen um den Preis der Trennung – auch das macht rücksichtsvoller und anpassungsbereiter.

So wird die zweite Ehe oftmals tatsächlich erfüllender. Aber nicht, weil es einen anderen Menschen gibt, sondern weil man die Notwendigkeit eingesehen hat, anders miteinander zu leben.

Wenn Sie aber meinen, in einer neuen Verbindung könnte es schöner werden, empfehle ich Ihnen eine kleine „Eigeninspektion", um Ihr Vorhaben realistisch angehen zu können. Eine zweite Ehe hat nur dann bessere Aussichten auf Befriedigung, wenn man nach der Trennung vom ersten Partner hart mit sich ins Gericht geht.

Man muß bereit sein, sich selbst auch als „Schuldigen" zu sehen. Nur am anderen liegt es eigentlich nie, wenn es nicht klappt. Also:

Was war Ihr großer Fehler in dieser Ehe?

Wo haben Sie etwas versäumt?

Wenn man mit Ihnen zusammenlebt, worauf muß man dann bei Ihnen Rücksicht nehmen?

Machen Sie sich Ihre Wünsche und Erwartungen klar. Nicht nur so andeutungsweise, sondern nehmen Sie sich ein großes Blatt Papier zur Hand und schreiben Sie Ihre Erwartungen auf.

Trauen Sie sich, diese Wünsche mitzuteilen?

Welcher Wunsch macht Ihnen Angst?

Kennen Sie einen Grund für Ihre Befürchtung?

Gibt es ein „Staatsgeheimnis", das Sie in Ihrer ersten Ehe

nicht preisgegeben haben? Unter welchen Bedingungen würden Sie es wohl in der zweiten Beziehung kundtun?

Was haben Sie aus der ersten Verbindung für sich tatsächlich gelernt? Schreiben Sie es auf, damit Sie auch wirklich Worte dafür finden.

Was wollen Sie tun, wenn es wieder kriseln sollte?

Trauen Sie sich wirklich, kritische Themen anzusprechen?

Warum könnte es in einer neuen Gemeinschaft leichter sein, über belastende Dinge zu reden?

Überzeugen Sie die Antworten, die Sie gerade gefunden haben?

Trennung gegen Krise

Manche Trennung tut wenigstens einem der Partner wohl, obwohl er das niemals zugeben würde. Es geht dabei um die Vermeidung einer noch schlimmeren Situation, nämlich dem Erkennen einer ganz anders gearteten Krise.

Wir alle müssen wohl oder übel mit dem Bewußtsein unserer Endlichkeit leben – und wir versuchen das häufig genug zu verleugnen.

Von einem Tag auf den anderen kam Jochen auf einen Aktivtrip. Fitneßtraining, Jogging, Tennis und Skilaufen standen hoch im Kurs – und dabei war der 46jährige früher eher bequem und unsportlich.

Unbarmherzig attackierte er seine vier Jahre jüngere Frau: „Los, mach mit. Du wirst zu alt, du rostest noch ein. Du bist längst nicht mehr so fit wie früher. Noch ist es früh genug, mach was aus dir!"

Doch sie konnte seinen sportlichen Aktivitäten wenig abgewinnen. Zwei Jahre später lebten sie getrennt.

Nicht im verflixten siebten, sondern im verdammten 18. Ehejahr glaubte Jochen zu erkennen: „Meine Frau paßt einfach nicht mehr zu mir. Vielleicht ist es aber auch die Ehe allgemein, die Opium für die persönliche Entwicklung ist."

Eheberater kennen einige Ursachen für diese Entwicklungen. Häufig gerät für Männer zwischen 38 und 50 Jahren die einstmals heile Ehewelt aus den Fugen.

In diesem Alter haben sie die große Aufgabe der beruflichen Etablierung und der Existenzsicherung gepackt. Beruflich liegt nicht mehr viel drin, die Kinder entfernen sich immer mehr aus den elterlichen Fittichen und die ersten anhaltenden körperlichen Leiden machen sich unangenehm bemerkbar. Ein Gefühl von Leere überfällt den Mann in seinen mittleren Jahren. Bisher ging es mehr oder weniger aufwärts, nun droht Stillstand, Altern und irgendwann der Tod. Er erlebt die Krise seiner Männlichkeit. War das schon alles? Habe ich mich überhaupt schon richtig entfaltet, alle meine Möglichkeiten genutzt? So viel Zeit habe ich gar nicht mehr, die Hälfte meines Lebens ist vorüber, und mir bleibt nur noch eine „Restzeit".

Und was hat mir meine Ehe gebracht? fragen sich die Betroffenen. Leise Wehmut und die Hoffnung auf das alles überwältigende Gefühl der stürmischen Liebe machen sich in den Herzen breit. Glücklich ist man durch das Zuammenleben nicht unbedingt geworden. Sicherlich, manchmal war es schon ganz schön, aber so richtig vom Glücksgefühl war man doch zu selten gepackt.

Plötzlich möchte man mehr, anderes. Es drängt, gegenzusteuern und noch etwas Richtiges, Tolles zu erleben – aber die Modalitäten der Ehe scheinen festgefahren und wenig veränderbar. Außerdem kennt man sich so gut, es ist alles so vertraut, so langweilig.

Aber so ist es nun mal, sagt sich demgegenüber die Frau, nicht alle Blütenträume reifen, und im übrigen hat man ja noch Zeit vor sich, Jahre, in denen man es ruhiger und vertrauter angehen lassen kann.

Aber er glaubt das meistens seltener. Was bis jetzt nicht war, wird niemals sein, davon geht er aus. Und man müßte sonst so entsetzlich viel ummodeln – und wer weiß, ob das machbar ist und ob es hinterher besser wird. Wo könnte man überhaupt ansetzen? Ist nicht alles so zäh, so ein- und festgefahren? Jetzt auch noch an der Beziehung rumprokeln? Gibt es keinen einfacheren, leichteren und erfolgversprechenderen Weg zum Glück, auf das man nach all den Jahren emsiger Plackerei wohl einen Anspruch hat?

Es gibt einen Weg.

Mit 35 verließ Gauguin Frau und Bankkarriere und begann

zu malen. Goethe reiste mit 37 Jahren gen Italien. Die Reise war entscheidend für sein weiteres Schaffen. Otto Normalverbraucher trennt sich von seiner Frau und wechselt eventuell den Beruf. Ein neues Leben ist angesagt, das Ziel heißt Verwirklichung der Persönlichkeit.

Die Frau steht hilflos daneben, versteht sein Drängen nicht. Im Gegenteil: Jetzt, wo sie von der Erziehung entlastet ist, möchte sie (endlich) mehr für sich tun. Möglicherweise wird sie wieder berufstätig und paßt sich nicht immer seinen Wünschen an. Vielleicht erreicht sie jetzt eine größere Selbständigkeit, was ihn verunsichert.

Was könnte ihnen helfen?

Beide müßten eigentlich ihre Ziele und Erwartungen neu definieren, doch er sieht darin leider häufig keinen Sinn mehr, weil er etwas ganz anderes erleben möchte. Auf der Suche nach der Veränderung soll eine andere Frau für den ersehnten Bestätigungsschub und aufregende Erlebnisse sorgen. Nicht notwendigerweise muß das eine Jüngere sein, aber schön ist es doch, weil er an ihrer Seite das (täuschende) Gefühl eigener Jugend, Kraft und Vitalität erlebt. Der alternde Ehepartner ist nur noch abschreckendes Spiegelbild des eigenen Alterns und wird aus Furcht vor der Auseinandersetzung mit der schwindenden Jugend gemieden.

Zwischen Jogging und Joghurt erinnert er sich an die Omnipotenzträume aus seiner Jugend, und jetzt will er einige von ihnen realisieren.

Es gibt verschiedene Möglichkeiten, seinem Leben Spannung zu verleihen. Die Trennung, um sich selbst zu finden, ist eine der gebräuchlichsten. Aber ob Trennung die Selbstfindung wirklich erleichtert? Oder hilft sie nur bei der Flucht vor sich selbst?

In psychologischen Untersuchungen fällt immer wieder auf, daß besonders der Zeitabschnitt zwischen acht bis 18 Ehejahren durch eine ausgesprochen schwache psychische Bindung gekennzeichnet ist. Nach vielen Jahren des Zusammenlebens drängt sich in dieser Zeit die Notwendigkeit auf, die Struktur des Ehelebens zu ändern. Einige Psychologen neigen zu der Annahme, nach so vielen gemeinsamen Jahren lägen die persönlichen Schwächen und Kanten der Persönlichkeit so offen zutage, daß sich jeder Partner stellen müßte, aber aus Furcht vor Blamage und Ablehnung werde die Flucht aus der Verbindung gefördert. Nach zehn Ehejahren ist kaum noch etwas von einem selbst zu verheimlichen. Man steht psychisch nackt da, schutzlos und unsicher. Der Lack ist ab.

Aber gerade jetzt könnten die „Eheprofis" ehrlich miteinander sein. Und manche sind es auch. Und finden einen Reichtum an ungenutzten Möglichkeiten in ihrer Ehe, an den sie vorher nicht im Traum gedacht hatten.

Sie betrachten die Krise nicht als schlechtes Zeichen einer verpatzten Gemeinschaft, sondern als notwendigen Hinweis für den Dialog, in dem es hauptsächlich um ein Thema geht: Was wollen wir voneinander und was wollen wir füreinander sein? Sie suchen „ganzherzig" verschüttete alte und reizvolle neue Gemeinsamkeiten. Sie machen das miteinander, was man auch mit einem neuen Partner tun würde: Sie gehen mal wieder ins Kino, verleben ein verlängertes Wochenende in einem schnuckeligen Hotel an der sturmgepeitschten Nordsee, entdecken, wie erholsam ein gemeinsamer Saunabesuch ist und realisieren bisher nicht geäußerte Wünsche.

Sie erinnern sich an die erste Phase ihrer Verliebtheit. Kleine Aufmerksamkeiten, Zärtlichkeiten im Auto, Sexualität am Waldrand.

Sie vereinbaren eine abwechslungsreiche Gestaltung ihrer Wochenende: Ein Wochenende gestaltet sie, das nächste plant er, dann ist sie wieder dran. Der Zweck der Übung: Sie lernen ihre unterschiedlichen Erwartungen kennen und erleben, daß es nicht unzumutbar ist, die Vorstellungen des Partners wenigstens für einen begrenzten Zeitraum zu erfüllen. Sich kennenlernen – das ist das Bedeutsamste überhaupt. Bisher habe ich Ihnen wichtige Äußerlichkeiten vorgeschlagen. Doch die machen natürlich nur wirklich Sinn, wenn es überhaupt zu einer tieferen Begegnung der beiden kommt.

Sich Kennenlernen – das ist nur im Gespräch miteinander, im Ringen um persönliche und gemeinsame Positionen, möglich. Verheiratetsein ist immer ehegefährdend. Warum bleiben dennoch manche Menschen zusammen? Was erwarten sie von ihrer Ehe?

Das Ziel der Ehe

Haben Sie sich schon einmal gefragt, was für Sie das Ziel des Zusammenlebens sein soll? Irgendein Ziel muß die Gemeinsamkeit doch haben, oder nicht?

Ich könnte Ihnen hier vorschlagen, solch einen Sinn zu formulieren. Aber ich bin äußerst unsicher, ob Sie meinem Vorschlag folgen würden, denn die Frage nach Ihrem ganz persönlichen Ziel ist wirklich nicht leicht zu beantworten. Vielleicht erwarten Sie, wie die meisten Paare, Glück und Zufriedenheit von Ihrer Verbindung. Ob Sie wohl Aussicht auf Glück in der Ehe haben? Ich bin skeptisch.

Meiner Meinung nach ist das Ziel der Ehe nicht Glück. Nein. Ich glaube nicht, daß ein Zusammenleben allein schon glücklich macht.

Vielleicht enttäuscht es Sie, das ausgerechnet von einem Eheberater zu lesen. Aber ich bin der Meinung, die Glückserwartungen sind der sichere Weg zur Unzufriedenheit, weil sie uns auf ein bestimmtes Bild vom Zusammenleben festnageln. Da hat eitel Freude und Sonnenschein zu herrschen, und da sollte es keine Auseinandersetzungen und schon gar keinen Streit geben.

Diese Erwartungen gehen von völlig falschen Voraussetzungen aus. Beide Partner verändern sich nämlich in ihrer Gemeinschaft, und das verlangt ständig neue Standortklärungen oder Anpassungsleistungen. Wie soll das ohne Auseinandersetzungen ablaufen? Indem man sich stillschweigend und wohlgefällig die sich häufig wandelnden Wünsche von den Augen abliest?

Nein, da muß man miteinander reden und ringen.

Deshalb ist Verheiratetsein keine ungetrübte Freude. Manchmal ist es sogar verdammt mühselig und enttäuschend.

Enttäuschend, weil man das Bild, das man sich vom anderen gemacht hat, immer wieder in tausend Stücke schlagen muß. Und warum muß man das?

Weil der Partner nie so ist, wie man ihn zu sehen meint. Er ist immer wieder anders, ist immer wieder eine Individualität, die sich nichts vorschreiben und sich in kein bequemes Schema pressen lassen will.

Man sieht sich so, wie man sich braucht. Man erkennt das, was man in diesem Augenblick benötigt. Aber man sieht nicht in die geheimen Schlupfwinkel des Herzens. Das macht das Miteinanderleben mühsam und oft genug auch enttäuschend. Das macht die Verbindung zu einer ehelangen Arbeit. Und wenn man die Mühe auf sich nimmt, macht es die Ehe lebendig. Dann ist Ehe eine Aufgabe oder ein Versuch, sich und den anderen Menschen zu erkennen und zu begreifen.

Auf einer Tagung der amerikanischen Vereinigung von Ehe- und Familienberatern zeichnete Sidney M. Jourard in großer Offenheit ein Bild seiner Ehe: „Ich weiß nicht, wieviele Ehen ich heute hinter mir habe. Gegenwärtig bin ich jedoch mit einer Frau verheiratet, die zwar noch immer gleich heißt, aber in vielem anders ist als früher. Sie paßt aber sicher besser zum Lebensstadium, das wir beide als Menschen heute erreicht haben. Ich bin nicht sterblich in meine Frau verliebt, noch sie in mich. Ich habe ihr dies zu lesen gegeben und danach eine von ihr stammende Anmerkung vorgefunden. Ihr Kommentar war: ‚Vielleicht nicht sterblich, aber ich liebe dich heute stärker und tiefer und mit mehr echter Fürsorge und Anteilnahme als in meinem Leben je zuvor‘ ".

Ein bewegendes Bekenntnis fernab aller romantischen Verklärung. Das hört sich natürlich gut an. Aber es hat auch eine Kehrseite. Die Abkehr von eheschädlichen Erwartungen (und die Hoffnung auf das Glück gehört dazu) läßt die harte Realität erahnen. Es gibt keinen Weg durchs Leben und durch die Ehe, der frei ist von Schmerz, Leiden, Angst und Enttäuschung. „Alles tun, um keinen Schmerz erleiden zu müssen, heißt, sich das Vergnügen oder die Schmerzlosigkeit zum Idol oder Abgott zu machen. Einen ganz bestimmten Menschen zur Verfügung haben zu müssen, um einen Orgasmus erleben zu können, heißt, sich diesen Menschen oder das sexuelle Erlebnis zum Abgott zu machen. Alles opfern für das berauschende Gefühl des Verliebtseins heißt, sich das Berauschtsein zum Abgott zu machen", meint der amerikanische Berater. Kommt ein Paar aus solchen Gründen zusammen, wird die böse Realität sie bald einholen. Ohne Verständnis stehen sie vor den Problemen, die doch eigentlich gar nicht sein dürften, wenn man sich nur tüchtig genug liebt. Und was tun sie?

Nein, sie erkennen als Problem nicht ihre überzogenen Ansprüche, sondern tippen auf eine unglückliche Partnerwahl, allgemeine Unverträglichkeit oder schlechte Charaktereigenschaften. Also trennen sie sich, ohne klüger geworden zu sein, und suchen neue Menschen für einen neuen Aufbruch ins neue Glück. Neue Partner – doch was ändert sich mit ihnen wirklich? Ist das nicht oft nur der trotzige Versuch, den Partner nicht so zu sehen, wie er oder sie nun einmal ist und sich nicht auf eingetretene Entwicklungen einzulassen? Es ist allemal leichter, sich zu scheiden, als sich offen und ohne verschleiernde Tricks anzunähern.

Was Paare dagegen brauchen, ist der Dialog, der nicht abreißende Austausch ihrer Gefühle, Wünsche und Ängste. Im Gegensatz dazu finden sich viel zu oft Machtspiele, Manipulationen und oberflächliche Anpassungen aus Angst vor dem Verlassenwerden.

Jourard meint, das Familienleben sei der geeignete Ort, diesen Dialog zu erlernen und zu üben und damit überhaupt erst zu wachsen und zu reifen.

„Ehen, in denen der Dialog fehlt, werden entweder als chronischer Kampf um Macht und Kontrolle weitergeführt, oder sie gewähren Schutz vor jenen Herausforderungen des Lebens, die zugleich wachstumsfördernd wären", sagt der Berater, der nach einer miserablen Zeit des Zusammenlebens reinen Tisch machen wollte und die Hölle der Offenheit an eigener Seele erlebte: „Es war schmerzvoll für mich, die Erfahrung zu machen, daß meine Frau eine eigene Ansicht, eine Perspektive und Gefühle hatte, die sich von meinen unterschieden. Sie war nicht das Mädchen, das ich geheiratet hatte; in Tat und Wahrheit war sie es gar nie gewesen. Ich hatte damals mein Traumbild geheiratet, so wie sie auch ... Sie mußte die Erfahrung machen, daß ich ein kaum gezähmter Einzelgänger, ein Pirat – und Abenteurer war."

Das heißt doch: Lebe mit dem Menschen an Deiner Seite und nicht mit dem Traumbild in Deinem Herzen, bekenne Dich zu Deinen Schwächen und Nöten und nimm Dich an, damit Du auch den anderen annehmen kannst. Oder anders: Lerne Dich besser kennen.

Sich kennenlernen

Wenn Menschen wirklich und engagiert gemeinsame Geschichte machen wollen, dann kommen sie nicht umhin, sich wirklich kennenzulernen.

Was heißt das denn?

Wir können uns nur begegnen, wenn wir offen miteinander umgehen wollen, also auf Tricks und Täuschungsmanöver verzichten. Unser wahres Gesicht trägt keine Maske, weil sie unnütz ist. Wenn wir uns auf Dauer begegnen wollen, ist es unnötig, irgendwelche Rollen zu spielen. Sich lieben heißt ja eigentlich sich trauen, also sich vertrauen, und es heißt eben nicht, ein bestimmtes Bild von sich zu vermitteln und den anderen aus egoistischen Motiven in ein bestimmtes Verhalten zu drängen.

Ich möchte Ihnen einige Hilfen anbieten, um offener und angstfreier zu leben. Natürlich kann ich dabei nicht auf Ihre ganz spezielle Situation eingehen, weil ich die ja nicht kenne, aber andererseits gibt es doch einige bewährte Anregungen, um über sich selbst und das Zusammenleben nachzudenken und um neue Erfahrungen einzuleiten.

Gerade bei Spannungen in der Zweierbeziehung liegt die Versuchung nahe, sich weniger mit sich selbst als vielmehr mit dem Partner zu beschäftigen. Vom anderen glaubt man ja, ein Bild zu haben. Untersuchen wir jetzt noch nicht, ob dieses Bild stimmt oder ein Wunschbild ist, sondern beschäftigen Sie sich zuerst mit dem Bild, das Sie von sich haben – und das Sie von sich haben könnten. Also: Wer bin ich?

1. Ihre Lebenskurve

Ein erster Schritt, um sich selbst besser zu verstehen, ist die Beschäftigung mit der persönlichen Lebenskurve. Diese Kurve besteht aus einer Zeitleiste, an der Sie die Höhen und Tiefen, Wendepunkte und Anstöße in Ihrer Lebensgeschichte als Stichworte notieren (s. folgende Seite).

Nehmen Sie sich etwas Zeit, setzen Sie sich bequem und entspannen Sie sich. Vertiefen Sie Ihre Entspannung noch weiter, indem Sie ruhig und gleichmäßig ein- und ausatmen. Wenn Sie sich gut entspannt fühlen, lassen Sie Ihr Leben noch einmal wie einen Film langsam an sich vorbeiziehen.

Versuchen Sie sich an wichtige Ereignisse aus Ihrer Kindheit und Jugend zu erinnern,

– an Menschen, die Ihnen nahe waren, Eltern, Großeltern, Freunde,

– an „Durchgangsstadien" wie Schuleintritt, Prüfungen, Tanzstunde, Umzüge, berufliche Ereignisse,

– an Erfahrungen, die schön oder schmerzhaft waren.

Fragen Sie sich, welche Gefühle mit den Menschen und Ereignissen damals verbunden waren, und welche Gefühle Sie vielleicht heute noch spüren.

Gibt es in Ihrem Leben Wendepunkte oder Neuanfänge? Welche Veränderungen haben sie damals bewirkt, und welche Auswirkungen haben sie noch heute?

Schauen Sie jetzt, wenn Ihr innerer Film abläuft, auf die Zeitleiste. Notieren Sie stichwortartig die Ihnen einfallenden Ereignisse, die Höhen und Tiefen in Ihrem Leben, an Ihrem ungefähren Alter zum Zeitpunkt des Ereignisses (s. Beispiel unten). Bewerten Sie die jeweiligen Ereignisse von $+3$ bis -3, je nachdem ob die Situation für Sie angenehm ($+$) oder eher unangenehm ($-$) war.

Ein Beispiel:

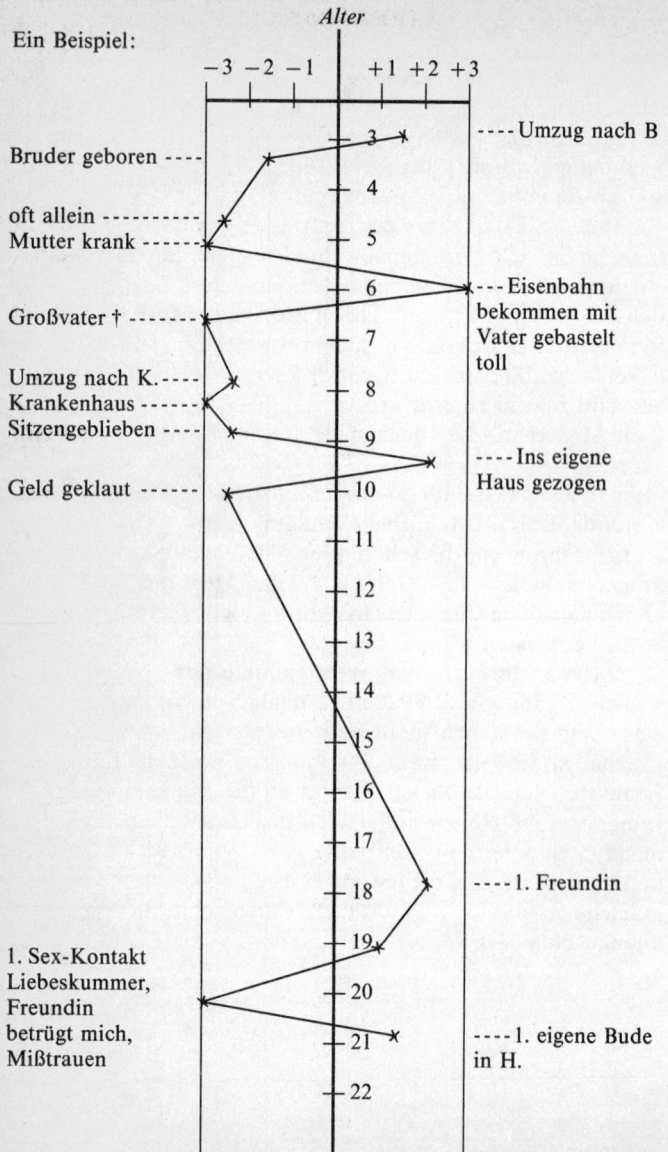

Alter

−3 −2 −1   +1 +2 +3

3 ---- Umzug nach B

Bruder geboren ----

oft allein ----------
Mutter krank ------

4

5

6 ---Eisenbahn
bekommen mit
Vater gebastelt
toll

Großvater † -------

7

Umzug nach K.----
Krankenhaus ------
Sitzengeblieben ----

8

9

----Ins eigene
Haus gezogen

Geld geklaut ------

10

11

12

13

14

15

16

17

18 ----1. Freundin

19

1. Sex-Kontakt
Liebeskummer,
Freundin
betrügt mich,
Mißtrauen

20

21 ----1. eigene Bude
in H.

22

106

Lebenskurve

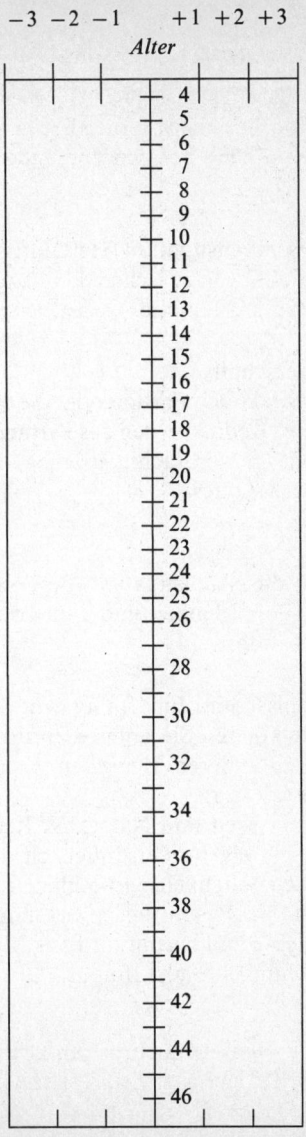

Sie können Ihre Kurve nach Lebensbereichen auswerten, beispielsweise:

Biologisch-körperlicher Bereich:
– Angaben, die sich auf den eigenen Körper oder die physi-
  sche Konstitution beziehen; ferner Ereignisse, die auf Ge-
  sundheit und Krankheit bei sich und anderen hindeuten.

Familiärer Bereich:
– Aussagen zur Familiensituation (Herkunfts- und eigene Familie jetzt), Beziehungen zwischen den Familienmitgliedern
  und Erlebnisse in der Familie.

Bereich der Partnerschaft:
– Ereignisse, die direkt den Partner oder die Partnerschaft be-
  treffen. Beispiele: Kennenlernen des Partners, Verhalten des
  Partners, gemeinsam verbrachte Urlaube, Trennungen, Er-
  füllungen und Leidvolles.

Beruflicher Bereich:
– Hierzu gehören die Schulsituation, Berufsausbildung oder
  Berufswechsel, Zufriedenheit und Unzufriedenheit mit der
  beruflichen Situation.

Persönliche Erlebnisse und Empfindungen:
– Diese Kategorie können Sie unterteilen in:
  – Beziehungen zu anderen Menschen (Freundschaften, se-
    xuelle Erlebnisse u. a.).
  – Erlebnisse in Freizeit und Natur, mit Reisen.
– Aussagen über die eigene Persönlichkeit, über eigene Ge-
  fühle und die Persönlichkeitsentwicklung (z. B. Angsterleb-
  nisse, Schuldgefühle, Bestrafungen, Belohnungen, erlittenes
  Unrecht, ausgelebte und bestrafte Ärgerreaktionen, Doktor-
  spiele, Enttäuschungen und Erfolge).

Ordnen Sie Ihre Ereignisse nach diesen Orientierungshilfen.
Zur weiteren Beschäftigung mit sich selbst können Sie sich
nun fragen:

– Gab es in meinem Leben kritische Ereignisse?

_____

– Wie haben sie mich wohl beeinflußt?

_____

– Welche Erfahrungen habe ich gewonnen?

_____

– Richte ich mich noch heute nach diesen Erfahrungen?

_____

– Wie habe ich kritische Ereignisse und Wendepunkte bewältigt?

_____

– Was habe ich gefühlt und was habe ich aktiv getan? War das bedeutungsvoll für mein jetziges Leben? Müßte ich etwas ändern? Was könnte das sein?

_____

_____

Gibt es ein Thema, das häufiger auftaucht (z. B. Trennungen, Kontakte mit Menschen, Beschäftigung mit Sachen, Krankheit, Eltern, Beruf)?

_____

Gibt es hier Belastungen oder Erfreuliches? _____

_____

Wollen Sie etwas daran verändern? _____

(Auszugsweise entnommen aus: Ingrid Dülm, „Biographie und Partnerschaft" Diplomarbeit, Braunschweig 1987.)

– Setzen Sie sich entspannt in einen Sessel, atmen Sie ruhig und gleichmäßig. Denken Sie an Ihr Elternhaus früher. Beantworten Sie folgende Sätze:

„Um eine gute Tochter / ein guter Sohn zu sein, mußte ich ..."

„Um eine gute Frau / ein guter Mann zu sein, muß ich ..."

Wie fühlen Sie sich, wenn Sie versuchen, diesen Rollen zu entsprechen?

Erkennen Sie Zusammenhänge zwischen früher und heute?

(Nach H. Gudjons, M. Pieper, B. Wagener, Auf meinen Spuren, Hamburg 1986.)

– Die Bedeutung Ihres Namens: Ist Ihr Vorname von einem Verwandten? Wie war / ist dieser Mensch? Gefällt er Ihnen? Sollen Sie dem Verwandten ähneln – und möchten Sie das?

Welche Bedeutung hat Ihr Nachname für Sie? Sind Sie stolz auf die Familie, deren Namen Sie tragen? Was gefällt Ihnen an dieser Familie? Wie halten Sie die Tradition aufrecht – oder wie protestieren Sie dagegen?
Bei angenommenen Namen: Was bedeutete die Namensänderung für Sie?

Hatten Sie einen Spitznamen? Hat er Ihr Bild von sich beeinflußt?

2. Ihr Bild von sich

– Stellen Sie sich vor einen großen Spiegel und sprechen Sie mit sich: Wie Sie sich gefallen, was Sie gern an Ihrem Körper verändert hätten, was Sie von sich halten. Geben Sie sich einen Kosenamen.

Wie haben Sie mit sich gesprochen?
  – Eher liebevoll und anerkennend oder anklagend, vorwurfsvoll und kritisierend?
  – Haben Ihre Eltern früher so ähnlich mit Ihnen gesprochen, wie Sie es heute mit sich tun?

– Stellen Sie sich vor, Sie sind Kind. Hören Sie, was Ihre Familie sagt. Was erzählte man über:

Ihren Wert	Ihre Moral
Ihr Aussehen	Ihre Gesundheit
Ihre Fähigkeiten	Ihr Geschlecht
	Ihre Zukunft

Sagen Sie in einem Satz, was Ihrer Vorstellung nach Vater oder Mutter von Ihnen dachte.
Gibt es Zusammenhänge zwischen den elterlichen Einschätzungen und Ihrer Selbsteinschätzung?
Waren die Meinungen der Eltern über Sie überhaupt richtig?
Wie könnten diese Meinungen Ihr Leben beeinflußt haben?

(In Auszügen entnommen aus: M. James, O. Jongeward: Spontan leben, Reinbek 1983.)

Wenn jemand zu mir sagen würde „Du bist wie dein Vater / deine Mutter" – was meinte er damit?
Würde es stimmen?

3. Ihre Gefühle gestern und heute

– Welche Gefühle waren bei Ihnen zu Hause verpönt? Durften Sie traurig sein, weinen, launisch sein, wütend werden, unsicher sein?
Welche Gefühle gestatten / verbieten Sie sich heute?

– Wie dachten Ihre Eltern über Jungen und Mädchen, über Männlichkeit und Weiblichkeit? Machten sie Unterschiede? Durfte ein Junge andere Dinge tun als ein Mädchen?

– Wie sind Ihre Eltern mit kritischen Situationen (z. B. Tod in der Familie, Unfall, Scheidung, Krankheit, berufliche Probleme) umgegangen? Reagierten Vater und Mutter unterschiedlich – und wen nahmen Sie sich zum Vorbild? Zeigten die Eltern ihre Gefühle?

– Können Sie sich an eine Situation erinnern, in der Sie als Kind große Angst hatten? Was war damals los?
Wer hat Ihnen geholfen?

– Stellen Sie sich eine Situation vor, in der Sie ziemlich wütend waren. Lassen Sie diese Szene wie in einem Film vor sich ablaufen.
Was haben Sie gefühlt?
Was haben Sie befürchtet?
Haben Sie etwas gemacht, um Ihre Wut zu zeigen?

Woran könnte ein Außenstehender erkennen, daß Sie wütend waren?

Was spüren Sie heute typischerweise, wenn Sie sich ärgern (z. B. Angst vor Bestrafung, fühle mich ohnmächtig, könnte platzen)?

Wie drücken Sie meistens Ärger und Wut aus? Schreien Sie los, ballen Sie die Faust in der Tasche, ziehen Sie sich zurück, werden Sie ironisch? Oder depressiv?

Kommt Ihr Gefühl in Ihrem Verhalten durch?

Wie reagiert Ihre Umgebung auf Ihre Wutäußerung? Sind Sie damit zufrieden?

Die Beziehung kennenlernen

„Eine der natürlichen, aber zerstörerischen Sünden der Ehe ist die Ansicht, man wäre mit einem anderen leichter zu Rande gekommen" (W. J. Lederer, D. D. Jackson, Ehe als Lernprozeß). Daß es leichter sein sollte – das haben Sie sicherlich auch schon gedacht, und der zugehörige Seufzer war deutlich zu hören. Schön wär's, aber auch hier haben die Götter vor den Preis der Zufriedenheit den Schweiß gesetzt, den Schweiß der Arbeit an der Gemeinsamkeit. Denn das Zusammensein wird nicht schön, weil man beieinander ist, sondern weil man die Beziehung pflegt und ab und an wenigstens poliert wie kostbares Silber, damit die Partnerschaft in neuem Glanz erstrahlt.

In dem Beispiel von Joachim und Corinna habe ich einige Wege aus einer verfahrenen Lage beschrieben. Darüberhinaus ist es wichtig, sich immer wieder die angenehmen Seiten des Lebensgefährten in Erinnerung zu rufen. Niemand hat nur schlechte Angewohnheiten! Sehen Sie ausschließlich Negatives, wird Ihnen höchstwahrscheinlich nur noch der Gang zum Scheidungsrichter bleiben, denn gerade eine angeknackste Verbindung setzt eine gewisse Achtung für den anderen voraus.

Gerade in Zwist und Enttäuschung kann es rettend sein, sich eben nicht noch tiefer in Vorwürfe zu stürzen, sondern sich zu sagen: Was ist wichtig und wertvoll am Partner, auch wenn es zur Zeit Spannungen gibt?

Ich zweifle sehr, ob das Zusammenleben ein idealer Nährboden für die Selbstverwirklichung ist. Ich glaube vielmehr an die verbindende Kraft bewußt eingegangener Kompromisse. Ich meine nicht eine Zustimmung aus Angst vor Auseinandersetzungen, sondern ein Zurückstecken in der Annahme, daß ich dir damit etwas Gutes tun kann, von dem ich ja letztlich

dann ebenfalls profitiere. Es ist für mich eine Art Rücksichtnahme, die ich tragen kann, ohne mich unterlegen zu fühlen
und Wut im Bauch zu spüren.

Solche Kompromisse muß man für sich austesten. Es gibt
dafür keine Regel, sondern nur das Experiment, in dem ich
meine Möglichkeiten und meine Grenzen allmählich kennen-
lerne.

Ich glaube, man muß bei Partnerkonflikten so ähnlich vor-
gehen wie Igel bei der Paarung: Ganz, ganz vorsichtig! Es gibt
keine großen, weltbewegenden Änderungen, stattdessen nur
manchmal winzig kleine Schritte in Richtung von mehr Verständnis, Einfühlung und Rücksichtnahme. Und dabei kommt
es auch darauf an, sich selbst und das eigene Handeln kritisch
zu sehen. Hier kann Ihnen vielleicht die „Eheinspektion"
(nach W. J. Lederer und D. D. Jackson, München 1974) eine
Hilfe sein. Folgende „Inspektionspunkte" sollten Sie von Zeit
zu Zeit bedenken:

1. Freuen Sie sich, Ihren Partner abends wiederzusehen? _____

   Geben Sie drei Gründe für Ihre Antwort an: _____
   _____
   _____

2. Notieren Sie kurz drei Beispiele für liebevolles Verhalten
   Ihrem Partner gegenüber in der letzten Woche:
   _____
   _____

3. Nennen Sie drei Beispiele für liebevolles Verhalten Ihres
   Partners Ihnen gegenüber:
   _____
   _____

   Haben Sie ihm zu verstehen gegeben, daß Sie sein Verhalten angenehm fanden? Falls Sie nichts ausgedrückt haben –
   was hindert Sie, es jetzt noch zu tun?

4. Nennen Sie fünf Wünsche Ihres Partners an Sie. Falls Sie keine genauen Wünsche kennen, vermuten Sie welche:

_____

_____

5. Welches Verhalten Ihres Mannes / Ihrer Frau würde Ihr Sexualleben befriedigender gestalten?

_____

_____

Haben Sie darüber schon gesprochen? _____

6. Führen Sie zehn Unterschiede zwischen Ihnen und dem Menschen an Ihrer Seite an:

_____

_____

_____

_____

_____

7. Über welches Verhalten Ihres Partners haben Sie sich in den letzten 14 Tagen geärgert?

_____

_____

_____

8. Wie haben Sie diesen Ärger ausgedrückt?

_____

_____

Gerade der letzte Punkt ist problematisch, wird doch Ärger meistens als Vorwurf und Angriff präsentiert.

Nur zu gern möchten wir im Ärger den anderen treffen, ihn möglichst vernichten und kleinkriegen. Aber was bringt das für beide? Ideal wäre es, im Ärger tatsächlich erst bis 100 zu zählen und dann den hinter dem Ärger liegenden Wunsch konkret zu äußern. Ja, hinter den allermeisten Verstimmungen steckt eine Enttäuschung, und die resultiert aus einem Wunsch, der ignoriert wurde. Es ist also äußerst hilfreich für die gute Beziehung, wenn Sie diesen ursprünglichen Wunsch entdecken. Also: Ich bin sauer – wo hast du mich enttäuscht?

Nach meinen Beobachtungen kranken die meisten Verbindungen an mangelhafter bis kaum vorhandener Kommunikation. Das ist gefährlich, weil dadurch der notwendige Austausch zwischen den Beteiligten abbricht.

Auch Ingrid kennt das: „Mein Mann will meistens seine Ruhe haben. Am liebsten wäre es ihm, wenn ich ihn gar nicht mit Problemen oder Sorgen behelligen würde. Er hat es auch schon gebracht, neben dem Gespräch die Zeitung zu lesen. Ich bin natürlich verärgert gewesen. Manchmal komme ich einfach nicht an ihn ran."

Sie versuchte eine Lösung: „Ich habe mich sofort beschwert, wenn er nicht richtig zugehört hat. Wahrscheinlich habe ich ihn damit zu sehr unter Druck gesetzt, denn er wich unter allerlei Ausreden Gesprächen aus. Es war ein glattes Eigentor."

Woran mag es liegen, daß Männer in der Familie häufig gesprächsfaul sind, während sie bei Bekannten munter wie ein Wasserfall plaudern?

– Männer schätzen sachliche Gespräche, in denen es um Fakten geht.

– Sie haben es kaum gelernt, von sich oder gar ihren Gedanken und Gefühlen zu sprechen.

– Frauen wollen oft über Gefühle reden – für Männer ist das zu vage, schon Gefühlsduselei, nicht beweisbarer Frauenkram.

– Frauen halten manchmal ihren Ärger zurück und platzen schließlich im Gespräch – der Mann erlebt das als Angriff, als hysterisches Manöver. Solche Gespräche sind unangenehm.

– Männer möchten etwas schaffen und bewegen – reden ist ihnen zu unproduktiv und bringt zu wenig.

Was kann frau oder man(n) dennoch tun?

– Keinen Griff ins Ehemuseum riskieren, also keine alten Fehler und Verletzungen aufwärmen.

– Nicht angreifen und keine Vorwürfe machen.

- Wünsche abstufen, nicht gleich den dicksten Brocken wollen.
- Besser: Einen wichtigen Wunsch, von dem Sie annehmen, der Partner könnte ihn erfüllen.
- Etwas gemeinsam unternehmen, damit es überhaupt Themen gibt.
- Nicht erst in gespannter, sondern gerade in lockerer Atmosphäre zusammen reden.

Doch woher nimmt man die lockere Atmosphäre?

Ingrid hat es probiert: „Ich habe meinen Mann und mich beobachtet. Es gab durchaus Situationen, in denen er mehr erzählte als sonst, und gerade diese Situationen habe ich herbeigeführt. Ich habe ihn zum Essen in ein hübsches Lokal eingeladen, denn Essen entspannt, und neue Umgebung wirkt anregend. Auch Politiker schätzen solche Arbeitsessen, denn ein voller Bauch streitet nicht gern. Im Lokal suchte ich uns einen Platz, der ihm wenig Ablenkungen bot, also kein Blick auf die Straße oder die Eingangstür. Er sollte sich ja mit unserem Gespräch beschäftigen.

Vorher ist es günstig, etwas zu tun, das beiden Spaß macht. Wir haben vorher den Garten umgegraben, Reiseprospekte gewälzt, einen Trimmlauf gemacht, sind schweigsam spazierengegangen oder waren zum Bummeln in der Stadt. Die Kunst besteht darin, nicht einfach ein Gespräch zu fordern, sondern Bedingungen herzustellen, die eine Unterhaltung ermöglichen und erleichtern. Später habe ich ihm meine ‚Methode‘ verraten. Wenn es weiter Probleme gab, habe ich ihm vorgeschlagen: Na, wollen wir heute zum Essen gehen? Und dann hat er geschmunzelt, weil meine Regie auch ihm geholfen hat.‘‘

Ist hier nicht wieder die Frau die Dumme, die etwas leisten muß, damit er sich gnädig zum Reden bequemt?

„Lieber was tun, als rumjammern. Da ihn sein Verhalten nicht stört, wird er von sich aus auch nichts verändern. Ich tue was, sicher, aber ich bekomme auch was dafür. Darauf kommt's an.‘‘

Aus dem ehelichen Nähkästchen geplaudert, empfiehlt sie: „Kleine Probleme rechtzeitig angehen, sonst kann man sie schlecht bewältigen. Sie wachsen nämlich rasant. Also: Klettern Sie auf den Hügel statt auf den Berg.

Schaffen Sie sich immer wieder kleine, dafür aber genau definierte Ziele: Weniger ist in der Ehe mehr.

Formulieren Sie Ihre Ziele positiv und konstruktiv, denn nur Ziegen meckern.

Stoppen Sie die Anklagen – formulieren Sie lieber Wünsche, denn Zusammenleben ist mehr als eine Gerichtsverhandlung.

Und seien Sie sich bewußt: Jede Ehe hat ihre Zeit, ihre wechselnden Befürchtungen und Erwartungen. Was heute wichtig ist, kann morgen überholt sein. Nichts bleibt stabil!"

Phasen einer Ehe

Eine lange Straße roter Backsteinhäuser, um die Jahrhundertwende herum gebaut. Der Herbstwind fegt einige Blätter kreiselnd vor mir her. Es ist feucht und ich ziehe meinen Mantelkragen höher. Das Haus Nummer 17 empfängt mich mit wohlig erleuchteten Fenstern. Eine knarrende Eichentür öffnet sich zu einer großen Wohnung. Tee steht auf dem Tisch auf einem Keramik-Stövchen, es riecht nach Vanille und Rum.

Silke und Udo haben mich zu einem Gespräch über ihre Ehe eingeladen. Sie sind jetzt 20 Jahre verheiratet und bezeichnen sich als „Eheprofis". Eine Tochter studiert bereits im ersten Semester, ein Sohn ist Feinmechaniker.

Die Wohnung wirkt auf mich überraschend jugendlich: viele große Fotos hängen an den Wänden („Alle selbst fotografiert", bemerkt Udo stolz), ein knallrotes Sofa, ein selbstgebautes Bücherregal und modern scheint mir auch die Einstellung des 43jährigen Büromaschinen-Händlers und seiner 41jährigen Ehefrau zu sein, die im gemeinsamen Geschäft die Bücher führt.

Was war das Wichtigste für die beiden in ihrer Ehe?

Silke lacht: „Die Veränderungen! Der Partner von heute ist nicht mehr der Partner von morgen und ich glaube, die meisten Pärchen vergessen, wie häufig wir uns wandeln. Irgendwann lernt man sich kennen, nämlich eine bestimmte Person in einer speziellen Verfassung. Ein Jahr später kann diese Person bereits eine Entwicklung erlebt haben und zu einem vielleicht nicht ganz, aber doch in einigen Bereichen anderen Menschen geworden sein. Außerdem kann man sich in ganz bestimmten Phasen kennenlernen, die möglicherweise nicht typisch sind. Als ich Udo kennenlernte, war ich ziemlich down. Beruflich hing ich voll durch und das wirkte sich auf meine Freundschaften aus. Depressiv und unausgeglichen lebte ich in den Tag hinein. Udo hat mir Mut gemacht und mich immer wieder angefeuert, dieses und jenes für mich zu tun. Mit seiner Unterstützung habe ich umgeschult und es ist mir gut bekommen. Die Unzufriedenheit legte sich, ich wurde mutiger, und ich kritisierte Udo ab und an mal.

Erst hat er darüber gelacht, dann wurde er sauer. Schließlich flogen auch mal die Fetzen und er bekam eine Magenschleimhautentzündung. In dieser Zeit sprach er von mir nur noch als von der „Kleinen Bestie".

So deprimiert wie ich anfangs war, hatte er wohl nicht vermutet, daß ich auch mal Krallen zeigen kann. Wir mußten uns praktisch wieder neu zusammenraufen und das haben wir geschafft.

Ich muß an meine Freundschaften denken.

Als mich Elisabeth verlassen hatte, war ich deprimiert, unsicher und fühlte mich nicht liebenswert. Unverstanden und verzweifelt suchte ich eines Tages Trost in einer Gemälde-Ausstellung. Dort sah ich ein junges Mädchen, das ähnlich ziellos wie ich herumstromerte – das schaffte Vertrautheit. Ein Mädchen, das sich für Kunst interessiert, muß einfach sensibel sein, sagte mir meine innere Stimme. Ich faßte all meinen Mut zusammen und sprach sie an. Sie war tatsächlich ähnlich bedrückt wie ich. Zwei depressive Seelen hatten sich gefunden und wollten sich stützen nach dem Motto: Unter den Blinden ist der Einäugige König.

Doch von Königswürden waren wir weit entfernt. Sie liebte stundenlange Spaziergänge, die mir irgendwann zu langweilig wurden. Ich mußte Vorschläge für gemeinsame Unternehmungen machen – sie kam mit. Sie folgte wie ein braves Hündchen. Ihre Initiative war gleich null.

Irgendwann hatte ich meinen Verlassenheitsschock überwunden. Ich gestand mir ein, wie sehr sie mich langweilte. Wir trennten uns. Ein nettes Mädchen – aber sie hatte mich nie wirklich fasziniert. Wie sie mich erlebt hat, weiß ich nicht. Wir haben nicht einmal darüber gesprochen, wie wir uns sahen. So intim waren wir nicht! Warum hatte ich sie damals angesprochen? Vermutlich habe ich mir, ohne das damals überhaupt zu merken, gesagt, sie sieht bedrückt aus, sie wird sensibel sein und sie wird dir nichts tun, dich nicht auslachen oder zuviel von dir fordern. Im Moment kannst du einem Menschen wenig geben, aber sie wird mit dem Wenigen zufrieden sein. Und das war sie ja auch.

Doch nach dem überwundenen Liebeskummer kam meine alte Aktivität zum Vorschein. Es hatte eine Entwicklung stattgefunden und später stimmten die ursprünglichen Voraussetzungen nicht mehr. Und dann muß man auch ehrlich sein!

Silke schenkt noch Tee mit Rum nach.

„Ich weiß nicht", fährt Silke fort, „angeblich ist ja noch nicht geklärt, ob sich der Mensch schrittweise in bestimmten Phasen oder relativ gleichmäßig ruhig vor sich hin entwickelt. Aber für mich ist das nicht so wichtig. Entscheidend ist für mich, sich mit dem Gedanken der Entwicklung überhaupt vertraut zu machen. Ich glaube die meisten Menschen vergessen, daß wir uns auch als Erwachsene noch verändern. Sie lernen jemand kennen, stellen bestimmte Eigenschaften fest, die sie sehr mögen, und verlangen auch nach zehn Jahren noch, daß diese Eigenschaften genauso wie damals vorhanden sein müssen. Sie machen aus der Ehe keine lebendige Beziehung, sondern ein Museum ihrer Erwartungen. Natürlich muß das schiefgehen. Auch bei uns hat das ja zu Schwierigkeiten geführt."

„Naja", fährt Udo fort und lehnt sich nachdenklich in seinen Sessel zurück, „du warst ja auch noch verdammt jung, als wir uns kennenlernten, ich glaube, du warst damals noch nicht ganz 18 Jahre alt."

„Ein Monat fehlte an meinem 18. Geburtstag."

„Siehst du. Du warst damals ziemlich unsicher, noch sehr verspielt. Und du fandest das toll, wie ich mich um dich kümmerte. Das wiederum hat mir Bestätigung gegeben und Anerkennung. Aber du bist dann mutiger geworden, hattest auch beruflich Erfolge und warst wahrscheinlich nicht mehr so auf mich angewiesen. Und dann hast du deine Krallen gezeigt und ich war ziemlich verunsichert. Männer, die man streichelt, beißen nicht. Aber wenn man sie kratzt, schlagen sie zurück. Und das habe ich ja dann auch gemacht. Aber als du dann nicht klein beigegeben hast, war ich total verunsichert und dachte mir, das hat alles keinen Sinn mehr. Ich glaube, das war damals der Zeitpunkt, als meine Magenbeschwerden anfingen.

So rückblickend würde ich meinen, daß wir schätzungsweise drei wichtige Phasen durchgemacht haben. Zuerst, so um die zwanzig Jahre herum, wußte man ja doch noch nicht so genau, was man eigentlich wollte und beim anderen suchte. Sexuelle Wünsche standen stark im Vordergrund und in einer Frau habe ich zuallererst eine verlockende Ansammlung von Körperteilen gesehen. Mit Silke setzte sich am Anfang so etwas fort, wie bei uns zu Hause. Mein Vater ist früh verstorben, und ich mußte für meine Mutter und meine jüngere Schwester sorgen. Ich war so etwas wie der Ersatzvater. Und bei Silke bin ich das am Anfang auch gewesen. Dieses Beziehungsmuster war mir ja bekannt, und ich fühlte mich sicher. Erst als Silke in so was wie die zweite Pubertät kam und gegen mich als Vater rebellierte, ging es mir dreckig."

„Ich glaube, ich habe dir damals ganz schön zugesetzt", meint Silke. „Bei uns zu Haus herrschte ein ziemlich rüder Ton, und wir waren nicht gerade wohlhabend, und ich mußte oft auf vieles verzichten, und so richtig gekümmert hat sich auch niemand um mich. Da war Udo wie ein Geschenk des Himmels für mich. Und ist doch auch ganz klar: Mit 18 Jahren sieht man die meisten Dinge noch anders als mit zwanzig oder nachher sogar mit vierundzwanzig. Ich glaube, um die zwanzig macht man nochmal einen riesigen Entwicklungsschritt und das muß sich auch in der Beziehung auswirken, indem man sich zum Beispiel in Frage stellt, seine Positionen neu festlegt, die gegenseitige Bedeutung abklärt. Das hört sich vielleicht technisch und vielleicht hart an, aber ich glaube, das ist nun einmal so, und man darf davor nicht die Augen verschließen. Es ging bei uns ganz stark um Ablösung vom Elternhaus und Finden der eigenen Persönlichkeit, und ich glaube, in diesem labilen Prozeß ist man extrem anfällig für Unterstützung durch einen anderen Menschen. Im Grunde sucht man vielleicht weniger einen Liebespartner als mehr einen Liebesgenossen und man ist häufig in die Liebe statt in den anderen verliebt."

Udo nickt: „Ja, ich würde das ähnlich sehen. Und dann kamen für uns die bewegten zwanziger Jahre, in der Ehe haben wir beide versucht, vermutlich weil das vorher noch nicht so gelaufen war, uns zu verselbständigen, uns zu Individuen zu entwickeln, und andererseits mußten wir, da wir ja zusammen leben wollten, uns mit viel Energie um Gemeinsamkeiten kümmern. Das ist eine ziemlich komplizierte Aufgabe, seinen gemeinsamen Lebensstil zu finden, abzustimmen und in die Tat umzusetzen. Das pendelte ewig zwischen Verselbständigung und Verschmelzung hin und her, und durch die Geburt des ersten Kindes wurden wir auch nicht gerade selbstsicherer, sondern wir kamen ganz schön ins Schleudern. Auch sexuell hatte das Folgen."

„Ja, für dich, du hast mich das ganz schön spüren lassen", Silke blickt ihn betroffen an.

Udo holt tief Luft: „Das mag schon sein, aber ich war damals ziemlich enttäuscht. Du hast dich sexuell nämlich ganz schön zurückgezogen. Und manchmal fürchtete ich, Weihnachten könnte öfter sein als unser sexuelles Beisammensein."

„Du warst ganz schön eifersüchtig auf Bettina und hast an allem und jenem, was ich machte, herumgemäkelt, um dich in den Vordergrund zu rücken. Das hat mich langsam aber sicher fertig gemacht."

Udo protestiert: „Ich weiß nicht, ob man das so sehen muß. Da ist sicherlich viel zusammengekommen."

Silke wendet sich an mich: „Wenn etwas unangenehm für ihn ist, kann er es schlecht zulassen. So ist das immer noch. Aber wir können damit leben. Ich glaube, deine Position hat sich durch die Geburt von Bettina tatsächlich rapide verändert, wir haben damals auch zu wenig darüber gesprochen, so daß sich da Unzufriedenheit zwangsläufig einnisten mußte."

Mir fällt dazu ein, daß viele Paare gerade in der ersten Zeit ihrer Ehe und besonders dann, wenn das erste Kind da ist, ähnliche Spannungen wie Silke und Udo erleben.

Familienforscher vermuten, daß das Mädchen durch die Erziehung und die Gesellschaft intensiv auf seine spätere Mutterrolle vorbereitet wird. Nicht zufällig stelle sich deshalb bald nach der Heirat (und manchmal auch schon früher) der Wunsch nach einem Kind ein.

Der Junge dagegen erfährt wenig über seine zukünftige Vaterrolle. Er soll ein erobernder Held sein und sich um seine Karriere kümmern. Zärtlichkeit und Einfühlungsvermögen werden ihm kaum anerzogen. Er spürt höchstens die Verpflichtung, wirtschaftlich für seine Familie zu sorgen und den äußeren Rahmen des Nestes herzustellen. Er sieht sich eher als Liebhaber und weniger als Vater.

Sie erlebt sich eher als Mutter und weniger als Geliebte, und Strampelhosen sind ihr wichtiger als Strapse.

Erst allmählich entwickelt sie sich zur lustbejahenden Frau. Schon in ganz früher Kindheit beginnen diese entgegengesetzt ablaufenden Prozesse: Das kleine Mädchen identifiziert sich mit der Mutter und der Junge muß „anders" werden. Zuerst ist die Mutter auch für ihn die wichtigste Bezugsperson. Aber er muß sich von ihr lösen und deshalb andere Werte und Ziele finden, was ihm oftmals nur möglich zu sein scheint, indem er fürsorgliche Zärtlichkeit, Sensibilität und Mitleiden als Eigenschaften der Mutter bei sich verleugnet, um sich gerade dadurch männlich fühlen zu können.

Mir scheint, Schwierigkeiten sind dann aufgetreten zwischen Silke und Udo, wenn sich einer vom anderen bedroht fühlte. Beide bestätigen meine Meinung.

Silke: „Ich fühlte mich von ihm in punkto Zärtlichkeit vernachlässigt. Er stellte sexuelle Forderungen, und ich erlebte mich nicht mehr als Frau, sondern nur noch als Geschlechtswesen geliebt. Vielleicht war das eine Gefährdung meiner Identität. Ich fürchtete auch bei der Kindererziehung zu versagen, denn unsere Tochter war erst sehr schwierig, und Udos Rückzug aus dem Erziehungsgeschäft vergrößerte diese Angst noch."

Udo: „Ich fühlte mich von ihr als Mann nicht mehr bestätigt, weil sie kaum noch mit mir schlafen wollte. Ich fühlte mich plötzlich nicht mehr genügend attraktiv und begehrt. Das hat mein Selbstbewußtsein angeknabbert."

„Und wie ging es dann weiter?" möchte ich gerne wissen.

„Hoffnungen, Enttäuschungen und Gegenbewegungen, so könnte man unsere dritte Ehephase kennzeichnen", meint Udo, „der Ernst des Lebens machte sich bemerkbar und man erfuhr, daß sich Enttäuschungen, nicht wie in den ersten Phasen, noch gut korrigieren ließen. Resignation machte sich teilweise breit. Ich mußte mich damit abfinden, daß nicht alle Träume reifen konnten. Naja, vielleicht war es weniger Resignation, zumindest aber doch Stagnation. Ich hatte mich inzwischen selbständig gemacht und unsere Beziehung hatte sich gewaltig abgeschwächt. Sie erinnerte mich in dieser Phase an ein Flugzeug, das gut vom Boden abgehoben hat und nun infolge Treibstoffmangels ins Trudeln gerät. Ich habe in dieser Phase intensiv an einen Seitensprung gedacht."

Silke schüttelt ihren Kopf: „Ich habe mir häufig vorgestellt, von einem anderen Mann zärtlich verwöhnt zu werden. Aber an einen wirklichen Seitensprung, nein, diesen Gedanken habe ich nicht zugelassen. So weit war ich auch nicht. Gott sei Dank!"

„Ich glaube, der Seitensprung wäre zu einem Test meiner Attraktivität geworden und er hätte Enttäuschungen wettmachen sollen. Ein Trostpflaster auf unsere Beziehung! Unsere Liebe schien mir zeitweise wie ein Wassertropfen auf heißem Asphalt verdunstet zu sein. Viele Wassertropfen würden möglicherweise das erwünschte Naß bringen, aber irgendwie habe ich geahnt, daß man darin auch untergehen kann, also daß sehr viel Liebe durchaus einengt und gefährlich ist. Natürlich spürte ich Wehmut und Enttäuschung, zeitweise auch Resignation. So etwas hatte es früher sicher auch schon gegeben, aber da habe ich mir gesagt: Das wahre Leben mit all seinen Höhepunkten kommt ja erst noch, und jetzt mußte ich erkennen: Das wahre Leben kam nicht irgendwann, es war schon da!

Das war auch die Phase, in der ich unangenehme Eigenschaften bei mir kaum zulassen konnte."

Silke unterbricht ihn: „Aber das war immer schon eine Schwierigkeit bei dir."

Udo nickte: „Mag sein, aber ich glaube so um die dreißig oder fünfunddreißig herum war das besonders ausgeprägt. Vor allem habe ich die unangenehmen Eigenschaften alle bei dir gesehen. Nicht ich erlebte mich in sexueller Routine verhaftet, sondern du warst sexuell zurückhaltend oder zu langweilig. Nicht ich war ungeduldig, sondern du bist zu schnell aufgebraust und so weiter. Und wenn ich mir andere interessante Frauen angeschaut habe, mußte ich nach einiger Zeit doch feststellen, daß sie eine gewisse Ähnlichkeit mit Silke hatten, das war so etwas wie eine Art unbewußter oder versteckter Treue zu ihr. Vielleicht ist man wirklich auf einen ganz bestimmten Typ festgelegt, den man irgendwie braucht und von dem man deshalb auch nicht wirklich wegkommt."

Silke lächelt Udo an, bevor sie mit spitzer Stimme wieder feststellt: „Und jetzt steuerst du in die Krise der mittleren Jahre. Das kann ja heiter werden!"

Udo protestiert, weil er das gar nicht so sieht. Er habe bereits seine Ernüchterungsphase durchlebt und könne mit der Gewißheit leben, nicht alle Hoffnungen erfüllt bekommen zu haben. Mittlerweile habe er sich mit den unveränderbaren Gegebenheiten arrangiert: „Für mich klingt das nicht so deprimierend, wie es viele meinen. Ich denke, so ein Arrangement ist auch eine Leistung, wenn man wirklich dazu stehen kann und weiß, daß es ein einigermaßen guter Kompromiß ist. Wir haben uns ja zu vielen Arrangements buchstäblich durchgestritten, wobei wir uns gesagt haben, es ist wichtiger, etwas für die eigenen Ziele zu tun, dazu gehört auch einiges an Kampf und Aushandeln, ganz gewiß, als mißmutig und vom anderen enttäuscht zu resignieren, dabei aber einen Brocken Wut im Bauch zu haben.

Die blöde Midlife-Crisis halte ich für ein ziemliches Geschwätz, und sie kann nur Leute beeindrucken, die vorher ziemlich blind durch ihr Leben gegangen sind, Entscheidungen aufgeschoben und Enttäuschungen nicht wahrhaben wollten. Krisen gibt es immer und ewig, weil wir uns andauernd entwickeln. Entwicklung ist für den einen Fortschritt, für den anderen Einschränkung, sie ist für den einen Ausblick und für den anderen Bedrohung. Aber sie ist immer da, und man muß sich stellen. Das tut oftmals ziemlich weh, und man räumt ja auch mit alten Bildern und falschen Erwartungen auf. Doch noch einmal von vorn mit einem neuen Partner – das ist auch nicht so einfach. In kritischen Phasen haben wir uns das immer wieder gesagt. Man muß da durch, gerade wenn's hakt und kracht. Und gerade dann kommt man nur weiter, wenn man miteinander redet, sich sagt, wo der Ärger sitzt, wo man enttäuscht ist, und was man vom anderen erwartet. Wenn man seine Erwartungen nicht genau sagen kann, dann hat man unrealistische Ansprüche, und kein Partner kann etwas erfüllen, was man selbst nur schemenhaft ahnt.

Letztlich wandelt man sich ein paarmal im Zusammenleben. Man ist sozusagen immer wieder ein anderer, und natürlich ändert sich dadurch auch die Art und Weise des Zusammenlebens. Also kommt man gar nicht umhin, von Zeit zu Zeit neue Regeln und Formen zu finden. Ehrlich, manchmal hat mir das Angst gemacht. Dann kommt man nur mit dem Mut weiter, das Kritische anzusprechen, die vorübergehende Spannung auszuhalten und sich wieder neu zusammenzuraufen."

Wie Zusammenleben gelingt

Jörg Eikmann
Seid zärtlich zueinander
Wie man die Angst vor Gefühlen überwindet
Band 1070, 160 Seiten

Hannelore Merz
1 × 1 der Partnerschaft
Wie man miteinander glücklich wird
Band 1248, 128 Seiten

Rüdiger von Roden
Aus DIR mach WIR
Von der Einsamkeit zur Gemeinsamkeit
Praktische Einübungen in die Partnerschaft
Band 1147, 160 Seiten

Rüdiger Rogoll
Lieben und Lassen
Herz und Verstand in der Partnerschaft
Band 1536, 128 Seiten

Reinhold Ruthe
So stell' ich mir die Liebe vor
16 Wege zum Du
Band 1014, 144 Seiten, 2. Aufl.

Herder Taschenbuch Verlag